BAUX A FERME.

RECUEIL

DES USAGES DU CANTON DE CRÉCY

Par M. R. BRUNEAU

NOTAIRE HONORAIRE, JUGE DE PAIX A CRÉCY.

DEUXIÈME ÉDITION

REVUE ET AUGMENTÉE.

PRIX : 2 fr.

MEAUX

A. LE BLONDEL, Libraire.

PARIS

A. DURAND, Libraire, rue des Grès, 7.

1860.

BAUX A FERME.

RECUEIL

DES USAGES DU CANTON DE CRÉCY

PAR M. R. BRUNEAU

NOTAIRE HONORAIRE, JUGE DE PAIX A CRÉCY.

DEUXIÈME ÉDITION

REVUE ET AUGMENTÉE.

MEAUX

LE BLONDEL, LIBRAIRE-ÉDITEUR

PLACE SAINT-ÉTIENNE VIS-A-VIS LA CATHÉDRALE.

1859.

La première édition du Recueil, imprimée en 1855, a été honorée d'une médaille d'argent par la Société d'agriculture, sciences et arts de l'arrondissement de Meaux, le 22 juin 1856.

Cette approbation de juges éclairés et spéciaux en matière de culture a déterminé l'auteur à revoir ce Recueil, et à en donner cette seconde édition, dans laquelle il a ajouté, comme quatrième partie, les usages de la division du prix du fermage entre le vendeur et l'acquéreur d'une ferme.

Crécy, le 1er août 1859.

La culture des terres attachées à une ferme, la remise des lieux au fermier entrant, le départ du fermier sortant, les obligations réciproques des deux fermiers, et les rapports du propriétaire de la ferme avec les fermiers, sont soumis à des usages que la nécessité et l'expérience ont établis de temps immémorial, et qui continuent aujourd'hui à être observés.

La plupart des coutumes sont muettes sur ces usages; le petit nombre des coutumes qui en a parlé l'a fait fort succinctement et n'a touché que quelques points. Ces usages ne sont donc connus, pour la presque totalité, que par la tradition et par quelques arrêts fondés sur cette tradition. Le code Napoléon n'a pu les déterminer, parce qu'ils varient suivant la nature et la culture des terres de chaque département et même de chaque arrondissement : par son article 1777, il a renvoyé aux usages des lieux.

Ce sont les usages du canton de Crécy qui sont recueillis et mis par écrit.

Crécy, chef-lieu de canton, arrondissement de Meaux, département de Seine-et-Marne, dépendait autrefois de la province de l'Ile de France dans la Brie; il était régi par la coutume de Meaux, qui est au nombre des coutumes muettes sur les usages de culture.

Depuis quarante-quatre années, l'auteur de ces notes habite Crécy. Dans ses fonctions, comme notaire et comme juge de paix, il a été appelé à rédiger les baux et les conventions des propriétaires et des fermiers, à juger leurs contestations, à les terminer comme arbitre. Il lui a fallu faire des recherches, et, à défaut de loi écrite, consulter la jurisprudence et interroger les personnes que leur âge et leur profession avaient pu instruire des anciens usages de culture; de là des notes, qui sont aujourd'hui réunies et mises en ordre. Il n'y faut point chercher un traité complet du bail à ferme, mais seulement des usages confirmés quelquefois par la jurisprudence et les auteurs.

Ils sont communs à beaucoup d'autres communes de l'arrondissement de Meaux, et sont observés dans la totalité des communes de l'arrondissement de Coulommiers, qui en est voisin.

Dans le canton de Crécy, le bail à cheptel ou à titre de colon partiaire des fermes et métairies n'a pas lieu.

On ne connaît que deux sortes de baux à ferme; l'un commence le 11 novembre par les jachères, et l'autre par les mars, le premier jour du mois ainsi nommé.

Chacun de ces deux baux a ses usages particuliers; des usages leur sont aussi communs.

Pour la plus grande clarté, ces notes sont divisées en quatre parties :

La première comprend les usages particuliers aux baux commençant le 11 novembre par les jachères;

La seconde, ceux particuliers aux baux qui commencent par les mars;

La troisième, les usages communs à ces deux baux;

Et la quatrième, les règles et les usages de la division du prix du fermage entre le vendeur et l'acquéreur.

BAUX A FERME.

USAGES DU CANTON DE CRÉCY.

PREMIÈRE PARTIE.

Usages particuliers aux baux commençant par les jachères.

---

1. Le fermier entrant prend, au 11 novembre, jour où commence son bail, la jouissance des jachères qui lui sont livrées en chaume d'avoine et de blé de mars par le fermier sortant, et sont composées du tiers de toutes les terres labourables de la ferme. Les prairies artificielles sont comptées, mais celles naturelles ne le sont point, pour déterminer le tiers des terres labourables à prendre comme jachères.

Ces jachères doivent recevoir la première sole des hauts grains ou blés d'automne du fermier entrant. Elles sont par lui labourées de quatre façons, depuis sa prise de possession jusqu'à l'automne de l'année suivante ; ensemencées en blé ce même automne, et récoltées la deuxième année de son bail. Dans un bail commencé le 11 novembre 1853, le fermier ensemencera les jachères à l'automne 1854, et fera sa première récolte des hauts grains au mois d'août 1855 (nᵒˢ 49 à 54 et nᵒ 57).

2. Les jachères doivent être fumées avant leur ensemencement. Le fumier nécessaire est pris dans la ferme par le fermier entrant et fourni gratuitement par le fermier sortant, qui, lui-même, l'a ainsi reçu de son prédécesseur (67).

3. Pour faire la culture des jachères, le fermier entrant conduit dans la ferme le nombre de chevaux nécessaire à cette culture, et se fait livrer, le 11 novembre, jour où com-

mence son bail, par le fermier sortant, dans les bâtiments de cette ferme :

Une écurie proportionnée au nombre de ces chevaux (35, 30).

Une chambre basse à feu, ayant un four pour cuire le pain.

Une chambre haute et un grenier pour mettre l'avoine, les grains, le foin, la luzerne et la paille nécessaires aux chevaux.

En prenant la jouissance de ces lieux, le fermier entrant doit exiger qu'ils lui soient remis par le fermier sortant en bon état de réparations locatives.

Quand il n'existe pas dans la ferme d'autres pièces à feu que le chauffoir occupé par le fermier sortant, et d'autre écurie que celle où sont ses chevaux, le fermier entrant en partage l'usage avec lui.

Du moment de la levée des jachères, le fermier entrant a droit de prendre dans la ferme, et le fermier sortant doit lui fournir, chaque jour gratuitement, la paille nécessaire pour la litière des chevaux qu'il y a conduits pour le labour, le transport du fumier et l'ensemencement de ces jachères.

4. Après la remise des jachères et des lieux qui viennent d'être dits, faite au fermier entrant, le fermier sortant reste en possession des autres bâtiments, des deux autres tiers des terres labourables et de la totalité des prés et des pâtis de la ferme, jusqu'aux époques qui seront ci-après déterminées.

Il conserve jusqu'à la Saint-Jean-Baptiste (24 juin) de l'année où le fermier entrant doit avoir récolte entière (jusqu'au 24 juin 1855, pour un bail commencé par les jachères de 1853), les clefs des grandes portes de la ferme pour les ouvrir au fermier entrant, selon le besoin, et il n'est tenu de lui remettre, le 11 novembre, jour de sa prise de possession des jachères, que les clefs des lieux dont il ne partage pas l'usage avec lui.

5. Après avoir, le 11 novembre, remis la jachère au fermier entrant, le fermier sortant doit lui-même faire encore, l'année suivante, une dernière récolte. Cette récolte est complète et se compose : 1° des hauts grains qui sont en terre lors de la remise de la jachère au fermier entrant ; 2° du blé de mars et de l'avoine qu'il ensemencera au mois de mars qui suivra cette remise de jachère ; 3° et de tous les prés et prairies.

Lors donc du nouveau bail qui dépossède le fermier sortant, et qui commence le 11 novembre 1853, ce dernier, au mois de septembre ou d'octobre de la même année, a ensemencé sa dernière sole des blés d'automne ; il ensemence au mois de mars 1854 sa dernière sole des mars, et récolte, dans la même année 1854, ses blés d'automne et ses mars, et aussi les prés et les prairies, pour sa dernière année de jouissance.

6. C'est sur une jachère en chaume d'avoine ou de blé de mars, c'est-à-dire qui s'est reposée pendant une année et qui comprend le tiers de toutes les terres labourables de la ferme, que le fermier sortant ensemence sa dernière sole de blé d'automne. Pour l'engrais de cette jachère, il prend dans la ferme le fumier nécessaire, dans la même proportion que le fermier entrant pour la jachère qu'il doit prochainement lui livrer (1, 50, 67).

7. Il est dans l'usage de fumer les prairies naturelles. Le fermier sortant a aussi la faculté de prendre dans la ferme, pour l'engrais de sa dernière récolte sur ces prairies, le fumier nécessaire dans une quantité de seize voitures à trois chevaux par hectare.

8. Il ne peut enlever ni distraire aucun fumier de la ferme pour l'amendement des terres sur lesquelles il sème ses derniers mars. Cette sole est faite par un seul labour sur une terre qui comprend aussi le tiers de toutes les terres labourables, et qui vient ordinairement de produire du blé d'automne ou du seigle, et ne se repose point. Elle ne reçoit point d'amendement, celui qui a été donné pour le blé d'automne servant aux mars qui lui succèdent, et pour lesquels il a été de tout temps reconnu suffisant. (39).

9. Le fermier entrant, qui a intérêt à trouver, dès le commencement de son bail, des prairies artificielles, sollicite et obtient quelquefois du fermier sortant la faculté de semer, au mois d'avril ou de mai, des graines de luzerne ou de trèfle dans sa dernière sole des mars, moyennant une indemnité. Il ne pourrait, sans son consentement, user de cette faculté.

10. Jusqu'au 24 juin (jour de Saint-Jean-Baptiste) de l'année qui suit la remise des jachères au fermier entrant, (jusqu'au 24 juin 1854 pour un bail commencé par les jachères de 1853), le fermier sortant conserve seul le pâturage de

tous les prés, pâtures et terres de la ferme. Ce pâturage ne peut s'étendre sur les jachères qu'il a livrées au fermier entrant; elles ne sont plus en sa possession et se trouvent distraites de sa jouissance.

11. Audit jour 24 juin, le fermier sortant retire son troupeau de moutons de la ferme, et le fermier entrant y amène le sien et l'y conserve jusqu'à la Saint-Luc (18 octobre) de la même année, pendant quatre mois environ. L'entrée et la demeure du troupeau de moutons du fermier entrant dans la ferme sont nécessitées par le parcage et l'amendement de sa première jachère qu'il cultive.

Pendant ces quatre mois (du 24 juin au 18 octobre 1854, pour son bail commencé le 11 novembre 1853), le fermier sortant ne peut faire pâturer son troupeau de moutons sur aucune partie des terres et prés dépendant de la ferme, et le troupeau de moutons du fermier entrant a seul droit à ce pâturage, mais conjointement avec les vaches du fermier sortant, qui n'ont point quitté la ferme et qui doivent continuer à y demeurer jusqu'au 24 juin de l'année suivante, pour la consommation des pailles et la production du fumier.

Durant ce temps, le fermier sortant n'est pas tenu de fournir de la paille pour la litière et le fourrage du troupeau de moutons du fermier entrant; ce troupeau reste peu dans les bergeries et est presque toujours tenu au parc sur les terres qu'il doit féconder.

Les prairies artificielles n'étant point, à l'égard des tiers, considérées comme pâturage, le fermier entrant ne peut, pendant ces quatre mois de la Saint-Jean-Baptiste à la Saint-Luc, conduire son troupeau de moutons dans les prairies de cette nature appartenant au fermier sortant, et que ce dernier ne lui a point cédées comme jachères.

A la Saint-Luc (18 octobre), le fermier entrant retire son troupeau de moutons de la ferme et des terres qui en dépendent; le fermier sortant y ramène le sien et doit l'y laisser jusqu'au 24 juin de l'année suivante, époque à laquelle ce troupeau est définitivement remplacé par celui de son successeur. Dudit jour 18 octobre audit jour 24 juin, le pâturage sur les terres de la ferme, en exceptant seulement les jachères livrées au fermier entrant, appartient de nouveau au fermier sortant seul.

12. A la Saint-Martin d'hiver (11 novembre) qui suit la

Saint-Luc (au 11 novembre 1854, pour un bail commencé par les jachères de 1853), le fermier sortant livre au fermier entrant les deuxièmes jachères pour le deuxième blé que ce dernier doit ensemencer en l'automne 1855 et récolter en 1856.

Ces deuxièmes jachères doivent, comme les premières, former le tiers de toutes les terres labourables de la ferme, être fournies sur un chaume d'avoine ou de blé de mars, et être fumées avec le fumier pris dans la ferme et fourni gratuitement par le fermier sortant (1, 50, 67).

13. Le fumier pris dans la ferme pour la première et la seconde jachère ne peut être exigé et enlevé d'une seule fois pour la totalité par le fermier entrant, aussitôt qu'il a reçu la jachère ; il faut que le fermier sortant ait le temps de le produire par la consommation journalière des pailles. Le fermier sortant ne peut se refuser à cette consommation par ses bestiaux et chevaux dans la juste proportion de sa culture ; il ne peut la retarder ou la précipiter. Le fermier entrant enlève les fumiers auxquels il a droit à mesure de leur production, par parties et par intervalles, depuis la levée de la jachère jusqu'au dernier labour qui précède son ensemencement. Il peut cependant attendre que ces fumiers soient entièrement produits pour en faire l'enlèvement total à l'époque de ce dernier labour. Quelques fermiers entrants préfèrent ce dernier mode ; ils pensent que le fumier enfoui en même temps que le grain, ou peu de jours avant l'ensemencement, produit sur la récolte une action plus forte et plus fructueuse que celui conduit à l'avance sur le champ.

14. Au 1er mars de l'année qui suit la livraison de la seconde jachère, année où le fermier entrant doit faire sa première récolte, et 1er mars 1855, pour un bail commencé le 11 novembre 1853, ce fermier prend la jouissance du jardin fruitier et potager et du colombier, qui doivent lui être livrés, par le fermier sortant, en bon état de réparations locatives, le jardin bien garni d'arbres et le colombier suffisamment pourvu de pigeons (74, 75).

Le fermier entrant a le droit de prendre gratuitement dans la ferme le fumier nécessaire à la culture du jardin.

15. A la même époque, le fermier sortant livre au fermier entrant les terres en chaume de blé d'automne ou de seigle, que ce dernier doit ensemencer de suite en blé de mars et

avoine. C'est la première sole des mars du fermier entrant ; elle doit être composée du tiers de toutes les terres labourables de la ferme, comme pour les jachères.

Le fermier entrant n'a point droit à des fumiers pour cette sole, qui ne reçoit pas d'amendements (39).

16. A cette époque du 1er mars (toujours 1er mars 1855, quand le bail du fermier entrant a commencé le 11 novembre 1853), le fermier sortant a dû faire, à son profit, le dernier élagage des arbres non fruitiers et haies susceptibles d'être élagués, et la dernière coupe des bois et taillis bons à être jetés bas sur les terres de la ferme, et remettre au fermier entrant les arbres à élaguer et les coupes de bois à faire par la suite, ayant le même nombre de feuilles que celui par lui reçu à son entrée en jouissance (131).

L'usage accorde une prorogation jusqu'au 15 avril suivant pour l'élagage des arbres et des haies et la coupe des bois. Cet usage est appuyé sur l'article 40 du titre 15 de l'ordonnance des eaux et forêts du 13 août 1669, qui fixe à cette époque la coupe des bois de l'État.

Il doit être laissé dans les bois tous les modernes et tous les anciens et tous les arbres fruitiers, ainsi que les baliveaux de l'âge du taillis et les pieds cormiers prescrits par l'ordonnance de 1669. Le code forestier du 21 mai 1827 et l'ordonnance royale du 1er août 1827, pour l'exécution de ce code, ne contiennent aucune disposition qui abolisse cet usage.

17. Depuis le 11 novembre, jour où a commencé le bail du nouveau fermier par la levée de ses premières jachères, jusqu'au 24 juin de la deuxième année (depuis le 11 novembre 1853 jusqu'au 24 juin 1855, pour un bail commencé par les jachères de 1853), le fermier sortant doit faire le battage de ses grains en blé, seigle, avoine, orge et sarrasin, de manière que chaque jour on trouve, dans la paille provenant de ce battage, la quantité de paille nécessaire : 1° à la consommation quotidienne de ses chevaux, troupeaux et bestiaux, et de la litière des chevaux du fermier entrant, qui sont dans la ferme depuis la levée de sa première jachère ; 2° et à la production et à la confection du fumier qui doit être employé, tant par lui que par le fermier entrant, à la culture des terres de la ferme.

Ce battage doit être entièrement terminé à cette époque

du 24 juin, jour où il quitte la ferme et remet au fermier entrant les granges avec les autres bâtiments, comme il va être dit.

18. Audit jour de Saint-Jean-Baptiste (24 juin 1855, pour un bail commencé par les jachères de 1853), le fermier entrant prend possession de tous les bâtiments, des prairies naturelles, dont la récolte, en ce moment sur pied, lui appartient, et de toutes les autres terres et dépendances de la ferme qui ne lui ont point encore été livrés. Il conduit dans la ferme le restant de ses chevaux, son attirail et ses ustensiles de culture ; y amène pour la première fois son troupeau de vaches, et, pour la seconde fois, son troupeau de moutons. C'est alors seulement qu'il se trouve entièrement et définitivement installé dans la ferme, et c'est dans le cours de cette même année qu'il fait sa première récolte. Cette récolte est complète ; elle se compose du produit du colombier et du jardin, des prairies naturelles, des blés d'automne et des seigles, de l'avoine et des blés de mars.

A ce jour 24 juin, le fermier sortant retire ses chevaux, troupeaux, bestiaux, attirail de culture, vide entièrement les lieux, qu'il remet au fermier entrant en bon état de réparations locatives, et cesse, sur toutes les terres et dépendances de la ferme, toute gestion, toute culture, tout pâturage et toute récolte, son bail étant entièrement terminé.

19. Le fermier sortant peut alors emporter les bisailles, le foin, le trèfle, la luzerne, le sainfoin, le soutrait ou résidu des greniers qui les contiennent, tous les grains et graines qui se trouvent dans la ferme ; ces choses sont sa propriété.

Il ne peut vendre ni emporter aucune paille de blé, seigle, avoine, orge, sarrasin, venant des récoltes par lui faites sur les terres de la ferme, et principalement les pailles des deux dernières années. Ces pailles, jusqu'à sa sortie, ont dû être consommées et converties en fumier ; celles qui ne l'ont point été sont laissées, sans paiement ni indemnité, dans la ferme, à la disposition du fermier entrant (63).

Dans ces pailles n'est pas comprise la menue paille qui se met dans le sac. Le fermier sortant peut l'emporter à mesure du battage des grains (72).

20. Le paiement du fermage et l'acquittement des charges d'un bail à ferme sont la représentation des fruits. Ils ne

commencent pour le fermier entrant que dans le cours de l'année où il perçoit ces fruits et où il les récolte pour la première fois.

Les contributions, charges et prestations municipales et communales sont par lui acquittées à compter du 1er janvier, et, pour partie, en avance sur la récolte dont les produits ne commencent que quelques mois après l'ouverture de l'année. Il en doit le paiement à courir du 1er janvier 1855, année de sa première récolte, lorsque son bail a commencé le 11 novembre 1853. Les contributions et prestations de 1854 sont à la charge du fermier sortant, qui fait, en cette année, sa dernière récolte.

De plus grandes facilités sont données par l'usage pour le paiement du fermage au propriétaire. Ce fermage ne devient exigible que lorsque le fermier entrant a fait en totalité sa première récolte, qu'il l'a engrangée dans la ferme et qu'il a pu en vendre une partie : encore ce fermage se subdivise-t-il en trois termes assez éloignés : Noël, Pâques et Saint-Jean-Baptiste. La première année du fermage du bail commencé le 11 novembre 1853, dont la première récolte a eu lieu en 1855, est due au propriétaire par le fermier entrant, pour un tiers à Noël (25 Décembre) 1855; pour le second tiers, à Pâques 1856; et pour le dernier tiers, à la Saint-Jean-Baptiste, (24 juin) de la même année 1856.

Le fermier sortant doit, pour 1854, le fermage de sa dernière année de récolte, pour un tiers, le 25 décembre 1854; pour le second tiers, le jour de Pâques 1855, et pour le dernier tiers, le jour de Saint-Jean-Baptiste de la même année.

Les paiements des deux fermiers, ainsi échelonnés, permettent au propriétaire de recevoir ses fermages sans changement ni interruption entre l'ancien et le nouveau bail.

DEUXIÈME PARTIE.

Usages particuliers aux baux commençant par les mars.

———

Plusieurs des usages qui concernent les baux pris par les jachères, et notamment les usages qui ont rapport aux pailles et fumiers, s'appliquent aux baux à ferme qui commencent par les mars; mais ces usages, communs par le fond à ces deux baux, diffèrent en plusieurs points par des exceptions et des nuances provenant des temps où les lieux sont livrés et où la culture est commencée. Renvoyer, quand il y aurait lieu, pour les baux pris aux mars, à ces usages des baux commencés aux jachères, serait chose plutôt faite; mais ces renvois auraient besoin d'explications faisant connaître les points de différence; il faudrait en donner les motifs et indiquer les rapports de ces deux sortes de baux. Cette méthode entraînerait quelque confusion, surtout pour les personnes qui, par leurs habitudes et leur éducation, sont étrangères aux usages de la culture. Il a donc paru plus convenable de répéter, en cette seconde partie, quelque peu de ce qui a été dit en la première. Par cette légère répétition, la confusion est évitée; l'erreur devient moins possible.

21. Au 1er mars, jour où commence le bail du nouveau fermier, l'ancien fermier quitte la ferme. Il retire de cette ferme tout son attirail et tous ses ustensiles de culture, ses vaches, ses chevaux, son troupeau de moutons.

Il ne conserve plus aucun droit de pâturage sur aucune des terres de la ferme.

Il livre au fermier qui lui succède les bâtiments de la ferme en bon état de réparations locatives, et le fermier entrant y amène son attirail entier de labourage, ses chevaux, ses vaches, son troupeau de moutons, et prend les clefs des grandes portes et des portes cavalières formant l'entrée de la ferme.

22. Comme le fermier sortant a encore à faire, cette même année de sa sortie, la récolte des blés d'automne et des seigles par lui semés l'année précédente et qui se trouvent en

terre quand il quitte la ferme, et comme il lui reste aussi, à la même époque, du blé et de l'avoine en gerbes à battre de l'année précédente, il conserve dans la ferme la jouissance : 1° de la grange à blé, dans laquelle il est aussi obligé, aux termes de l'article 1767 du Code Napoléon et suivant l'usage, de conduire la dernière récolte de blé qu'il va faire ; 2° de la grange à avoine ; 3° d'une écurie pour trois chevaux ou pour six chevaux au plus, si la culture est considérable ; 4° d'un grenier pour le foin et la luzerne de ces chevaux ; 5° d'une chambre à grains ; 6° et d'une chambre à feu au rez-de-chaussée. S'il n'existe dans la ferme qu'une seule écurie et qu'une seule pièce à feu au rez-de-chaussée, le fermier sortant en partage l'usage avec le fermier entrant.

Le fermier sortant a l'usage de ces lieux pendant le battage de ses grains jusqu'à la Saint-Jean-Baptiste de l'année suivante (jusqu'au 24 juin 1854, pour un nouveau bail commencé le 1er mars 1853). A cette époque, il les remet au fermier entrant en bon état de réparations locatives.

23. Pendant ce temps où le fermier sortant conserve quelques chevaux dans la ferme jusqu'à la fin du battage de ses grains, il a le droit de prendre gratuitement, dans cette ferme, la paille nécessaire pour la litière de ces chevaux.

24. Au même jour 1er mars, commencement de son bail, le fermier entrant prend possession du colombier, du jardin, des prairies naturelles et de tout le pâturage de la ferme.

Le colombier lui est livré par le fermier sortant en bon état de réparations locatives, et garni d'un nombre de pigeons proportionné à l'importance de la ferme (74, 75), le jardin bien tenu et planté convenablement d'arbres fruitiers, et les prés en bonne nature; étaupinés et à faux courante (58).

25. Le fermier sortant remet aussi au fermier entrant, le même jour 1er mars, le tiers de toutes les terres labourables de la ferme. Ce tiers, destiné à former la première sole des mars du fermier entrant, est de suite cultivé et ensemencé, par ce dernier, en avoine et blé de mars, dont il fait la récolte la même année. Il doit être fourni, par le fermier sortant, en chaume de blé d'automne ou de seigle, c'est-à-dire en terres sur lesquelles le fermier sortant a fait, l'année précédente, une récolte en blé d'automne ou de seigle (39).

26. A la même époque du 1er mars, commencement du bail, le fermier nouveau prend aussi la jouissance d'un autre

tiers de toutes les terres labourables de la ferme, qui doit se trouver en jachères. Ces jachères lui sont livrées, par le fermier sortant, en chaume d'avoine ou de blé de mars, c'est-à-dire en terres sur lesquelles ce dernier a récolté, l'année précédente, ses dernières avoines et ses derniers blés de mars. Ce tiers, destiné à composer la première sole des hauts grains ou blés d'automne du fermier entrant, est aussitôt cultivé par lui et ensemencé à l'automne suivant, pour être récolté au mois d'août de l'année suivante, en 1854 dans un bail commencé le 1er mars 1853 (50, 51).

27. Au mois d'août qui suit l'entrée en jouissance du nouveau fermier, le fermier sortant lui remet encore les terres labourables sur lesquelles il vient de faire sa dernière récolte des blés d'automne, récolte qu'il doit conduire pour le battage dans celle des granges de la ferme dont il conserve la jouissance jusqu'au 24 juin de l'année suivante. Ces terres font le dernier tiers des terres labourables de la ferme, dont il était resté en possession. Elles forment la deuxième sole des mars du fermier entrant, qui les ensemence aux mars de l'année suivante et les récolte la même année, en 1854 si son bail a commencé le 1er mars 1853.

28. Les terres labourables qui composent la première et la seconde sole des mars, et les jachères qui forment la première sole des blés d'automne du fermier entrant, doivent être composées, pour chaque sole, du tiers de toutes les terres labourables de la ferme.

29. Du 1er mars, jour où le nouveau fermier a pris possession de la ferme, il a, seul et sans indemnité, droit à la totalité des fumiers existant dans la ferme, même de ceux à produire par les chevaux du fermier sortant laissés dans la ferme jusqu'au battage de ses grains. Le fermier sortant n'en peut rien distraire, quelle que soit leur quantité (63).

30. S'il existe des bois taillis sur les terres de la ferme, une coupe de ces bois, en âge d'être abattue, est *ordinairement* laissée au nouveau fermier, qui la jette bas dès son entrée en jouissance.

Le fermier sortant a dû faire, à son profit, au mois de mars de l'année précédente, le dernier élagage des arbres non fruitiers, susceptibles d'être élagués, et la dernière coupe des bois taillis.

Il remet au fermier entrant les arbres à élaguer et les coupes de bois à faire. Il doit laisser dans les bois le nombre nécessaire de baliveaux, de modernes et d'anciens.

Il n'est tenu toujours de rendre à sa sortie que le même nombre de feuilles des bois taillis et élagages par lui reçus lorsqu'il a pris la ferme.

Si la dernière coupe et le dernier élagage auxquels il a droit n'échoient qu'à la dernière année de son bail et ne sont point faits le 1er mars, jour où il livre la ferme à son successeur, l'usage lui accorde, comme aux baux des jachères, la faculté de les faire jusqu'au 15 avril suivant (16, 131).

31. Le fermier sortant emporte les bisailles, le foin, le trèfle, le sainfoin, la luzerne et les grains battus qui, à sa sortie, se trouvent dans la ferme.

Il ne peut emporter aucune paille venant des récoltes en blé, seigle, avoine, sarrasin et orge, par lui faites sur les terres de la ferme, notamment les pailles de son avant-dernière et de sa dernière récolte. Ces pailles doivent être consommées et converties en fumier dans la ferme même, et toutes celles qui n'ont pu être ainsi consommées appartiennent, sans indemnité, au fermier entrant (62, 63).

32. Depuis le 1er mars, jour du nouveau bail, jusqu'au 24 juin (Saint-Jean-Baptiste) de l'année suivante, jour où le fermier sortant doit remettre la grange à blé et la grange à avoine, le fermier sortant est tenu de faire le battage de ses grains contenus dans ces bâtiments, de manière que chaque jour il puisse fournir la quantité de paille nécessaire à la litière des chevaux qu'il a conservés dans la ferme pendant le battage, et à la consommation de tous les chevaux et bestiaux du fermier entrant.

La seule paille qu'il peut emporter de ce battage est la menue paille qui se met dans le sac (72).

33. Le fermier entrant ne commence à payer les contributions et à acquitter les charges et prestations communales de la ferme qu'à compter du 1er janvier de l'année dans laquelle il fait sa première récolte des blés d'automne. Cette récolte n'a lieu que la seconde année de sa jouissance, en 1854 pour un bail commencé le 1er mars 1853. C'est donc, pour ce bail, à partir du 1er janvier 1854 que les contributions et prestations sont par lui dues. Il a bien déjà, en 1853, première année de sa jouissance, récolté les mars et les prairies naturelles, fait la coupe du taillis, s'il en existait sur la ferme, mais, en culture, on ne considère, comme

entière et complète, que la récolte qui comprend aussi les hauts grains.

La dernière année de ces contributions, prestations et charges municipales, est payée en entier par le fermier sortant, faisant sa dernière récolte des blés d'automne, pour 1853, dans le cas toujours supposé d'un bail nouveau qui le dépossède, commencé le 1er mars 1853.

34. Le fermier entrant ensemence, le jour de son entrée en jouissance, ses premiers mars, dont il fait la récolte dans l'année de l'ensemencement (25); il ne paie point néanmoins au propriétaire le prix de ces mars dans le cours de la même année. Un usage immémorial veut, quand il n'y a point été expressément dérogé, que, dans les fermes prises aux mars, le prix de la récolte des premiers mars soit *toujours reculé d'une année*. Le fermage ne commence donc à être payé par le fermier entrant au propriétaire que vers la fin de la seconde année du bail, après la récolte des seconds mars et des premiers blés d'automne. Il le lui paie en trois termes, les jours de Noël, Pâques et Saint-Jean-Baptiste qui suivent cette récolte de ses premiers blés d'automne. Ainsi, la première année du fermage d'un bail commencé aux mars 1853 est exigible, pour un tiers, à Noël (25 décembre) 1854; pour le second tiers, à Pâques 1855, et pour le dernier tiers, à la Saint-Jean-Baptiste (24 juin) de la même année 1855. Ce fermage est, pour le premier tiers, le prix des premiers mars récoltés en 1853, et, pour les deux tiers restants, celui des blés d'automne de 1854 (309).

Le fermier entrant qui, pendant la première année de son bail, n'a point payé de fermage et n'a été tenu d'aucune charge ni imposition, tout en récoltant les mars et les prairies naturelles, et en jouissant du jardin, du pâturage et du colombier, doit nécessairement un paiement et une compensation pour ces avantages. Cette compensation, il la donne la dernière année de son bail, lorsqu'il devient fermier sortant. Cette dernière année, sa récolte n'est plus complète; il rend l'avance qui lui a été faite; il ne lui reste plus à recueillir que les blés d'automne qui se trouvent ensemencés au moment de sa sortie; il laisse à son successeur la sole des mars, les prairies naturelles à récolter, et la jouissance du pâturage, du jardin et du colombier, et néanmoins il paie seul en entier le fermage, les contributions, les charges et les prestations de l'année.

TROISIÈME PARTIE.

Usages communs aux baux commençant par les jachères et à ceux commençant par les mars.

Cette partie contient quelques définitions et des explications sur les usages de culture à suivre au commencement et pendant le cours des baux à ferme. Elle n'est point et ne peut être un cours d'agriculture; elle forme de simples notes indispensables aux deux premières parties.

Le Code Napoléon et les autres lois qui sanctionnent, appuient ou complètent les anciens usages, y sont cités.

Les arrêts et les auteurs qui confirment ces usages y sont rapportés et notés. Ceux qui s'appliquent même aux fermes et métairies d'autres départements y trouvent place, lorsque, dans des circonstances identiques de culture, ils consacrent un pareil usage du canton de Crécy.

Plus étendue que les deux premières parties, cette troisième partie est divisée en chapitres pour plus grande clarté et pour la facilité des recherches.

CHAPITRE Iᵉʳ.

Ferme de Brie. — Saisons. — Soles. — Assolement. — Dessolement. — Alterner.

35. La contenance d'une ferme de Brie est désignée par le nombre des charrues employées à sa culture.

Chaque charrue suppose cent arpents de terre à l'ancienne mesure du lieu, et demande trois chevaux pour son attelage. Une ferme de deux, trois, quatre charrues est donc ordinairement une ferme de deux cents, trois cents, quatre cents arpents, garnie de six, neuf ou douze chevaux.

Le nombre des bestiaux est aussi réglé par celui des charrues, dans la proportion de trois vaches et de cent moutons par charrue. Mais, depuis plusieurs années, il est peu de fermiers qui ne possèdent un troupeau de moutons plus nombreux, dont ils complètent la nourriture par les menues graines récoltées en vert sur les jachères (42).

36. C'est dans la proportion des charrues nécessaires à la culture des jachères, dans les baux commençant le 11 novembre, que doit être fixé le nombre de chevaux introduits dans la ferme pour la culture de ces jachères par le fermier entrant (3).

37. Du jour où a commencé un bail, pris soit aux jachères, soit aux mars, le fermier doit cultiver et façonner les terres en temps et saisons convenables, et diviser celles labourables en trois soles ou trois parties, en ensemençant, chaque année, un tiers de ces terres en blé d'automne et seigle ; un autre tiers en avoine, blé de mars et orge, et en laissant le dernier tiers en jachère.

La première sole est nommée sole des hauts grains ou blés d'automne, ou simplement sole des blés ; la seconde, sole des mars, et la troisième, sole des jachères.

Cette succession de culture et de repos, ce cours, cet assolement, sont établis de temps immémorial. (BOURJON, *Droit commun de la France, t. 2, p. 43.*)

Un bon assolement provient de la sage division des soles.

La sole des blés d'automne ou des hauts grains est ensemencée sur jachère de chaume d'avoine ou de blé de mars, et la sole des mars sur des terres en chaume de blé d'automne ou de seigle.

On nomme chaume le bout du tuyau de paille des plantes céréales resté dans le champ avec ses racines après l'enlèvement de la récolte. Par extension, on nomme chaume de blé le champ même où le blé vient d'être récolté, et chaume d'avoine celui où l'avoine vient d'être coupée et enlevée du sol.

38. Les terres composant la sole des blés d'automne restent pendant une année en jachère, sans produire de récolte. Pendant leur repos jusqu'à leur ensemencement, depuis le mois de septembre jusqu'à l'automne de l'année suivante, elles sont cultivées de quatre labours ou façons, fumées et quelquefois parquées par les moutons (50, 51).

39. Les terres qui forment la sole des mars ne sont point appelées jachères, parce qu'elles n'ont point de repos ; elles portent produit l'année qui suit immédiatement celle où elles ont donné les hauts grains. Elles n'ont besoin que d'un seul labour et ne reçoivent point de fumier avant leur ensemencement. Les quatre labours et les fumiers qu'elles ont reçus

l'année précédente pour les hauts grains sont regardés comme devant aussi servir aux mars de l'année suivante, conformément à la règle qu'une fumure est suffisante pour deux récoltes successives. (VAUDORÉ, *Droit rural français*, t. 2, p. 19, n° 41.)

40. La sole des jachères ou grains d'automne, ainsi que celle des mars, doit être composée du tiers de toutes les terres labourables de la ferme (1, 12, 53, 54, 57).

41. La culture par soles ne donne chaque année en céréales au fermier que la récolte des deux tiers des terres labourables de la ferme, produite par la sole des blés d'automne et par celle des mars. Le fermier est privé de la récolte de l'autre tiers de ces terres laissé en jachères; il lui faut trois années consécutives de jouissance pour récolter les produits de la totalité des terres labourables. Ce motif a déterminé l'usage de ne compter un bail à ferme que par une ou plusieurs périodes de trois années. (*Code Napoléon, art.* 1774 *et* n° 96.)

42. Le fermier ne peut dessoler les terres en leur donnant une culture qui dénature et intervertisse les assolements, même sous le prétexte du perfectionnement de la culture. (FOURNEL, *Lois rurales de la France*, t. 2, p. 13.)

C'est intervertir l'ordre des années qu'on a coutume d'observer pour la culture des terres, et c'est déranger les soles, que de semer de l'avoine où il faudrait semer du blé d'automne, et de laisser en jachère les terres qui doivent être ensemencées. (VAUDORÉ, n° 41.)

On ne considère point comme dessolement l'ensemencement sur une terre en jachère destinée aux blés d'automne, de menus grains et bisailles, comme vesce, pois gris, hivernage, sainfoin ou esparcette, lupin, colza, navette, chicorée sauvage, féverolle, sarrasin, minette, etc. On admet en culture que ces plantes n'effritent point la terre, pourvu qu'elles n'atteignent point leur maturité. Le fermier peut les semer sur la jachère, à la charge de les couper, de les faire manger par ses bestiaux, ou de les enfouir en vert, sans attendre qu'elles aient produit leur graine, ou tout au moins que cette graine soit arrivée à un degré avancé de maturité.

43. Le fermier peut aussi planter des pommes de terre et des betteraves sur des parties de jachère. Ces plantations, qui reçoivent un fort engrais et demandent des sarclages et des binages qui tiennent la terre en bon état, permettent de

mettre ensuite du blé dans la terre qui les a portées, et ne sont point considérées comme dessolement.

44. L'ensemencement de menus grains et bisailles, de pommes de terre et de betteraves ne peut avoir lieu par le fermier sortant sur la jachère qu'il livre, à la fin de son bail, au fermier entrant. Il n'aurait pas le délai nécessaire pour faire la récolte des pommes de terre et des betteraves, et pour la consommation ou l'enlèvement des plantes en vert jusqu'au moment où cette jachère doit être remise, et le fermier entrant doit la recevoir libre de tout ensemencement.

45. L'intervertissement et le changement partiel, temporaire et peu étendu de l'assolement ne donnent lieu à la résiliation du bail à ferme qu'autant qu'ils tournent au préjudice de la terre par son épuisement et qu'ils sont entièrement en opposition avec l'usage. L'intérêt de l'agriculture permet cette infraction à l'usage et donne à toute clause prohibitive le caractère d'une clause comminatoire.

Il a été plusieurs fois jugé que le dessolement partiel, temporaire et de peu d'étendue pouvait être justifié par l'usage, quoiqu'il fût expressément défendu par les baux, et l'on a réduit l'effet de cette prohibition à la défense d'épuiser la terre par des cultures forcées et contraires à la pratique des meilleurs laboureurs du canton. (MERLIN, *Répertoire de jurisprudence, V. Assolement.*)

46. Les règles de culture ne défendent point, et les tribunaux permettent aux fermiers de déroger à l'assolement dans des circonstances impérieuses.

En 1709 et 1726, le blé que les fermiers avaient semé ayant totalement péri, les fermiers furent autorisés à relabourer leurs terres et à les ensemencer en orge. (HOUARD, VAUDORE, 35.)

47. L'usage permet au fermier de semer, au mois d'avril ou de mai, dans sa sole des mars, de la graine de luzerne ou de trèfle, sur celles des pièces de cette sole déjà ensemencées, et qu'il veut mettre, pour l'année suivante, en prairie artificielle. Ces deux semences, croissant en même temps dans une même terre, ne forment pas dessolement. Aussitôt après la récolte des mars, la semence de luzerne ou de trèfle paraît toute levée, et le fermier, dispensé d'un nouveau labour, a cependant avancé d'une année le premier produit de sa prairie artificielle.

Cet usage s'est étendu à la sole des hauts grains. Le fermier peut aussi, sans dessolement, semer, au printemps, de la graine de luzerne ou de trèfle sur celles des pièces déjà ensemencées en blé d'automne, qu'il veut, pour l'année suivante, transformer en prairie artificielle. Les quatre labours, le fumier, et souvent le parc que cette sole a ordinairement reçus, donnent à la semence de trèfle ou de luzerne une chance presque certaine de réussite.

48. L'usage ne défend point d'alterner en culture. Ce mode de culture est fréquemment pratiqué dans le canton de Crécy par les cultivateurs intelligents.

Alterner, c'est faire produire successivement à une terre des fourrages et des blés, et ainsi tour à tour.

On alterne, ou chaque année, ou après plusieurs années révolues. Par exemple, on alterne un champ semé en trèfle, lorsque la charrue ou la bêche le détruisent, après son année de rapport. On alterne un champ semé en luzerne, lorsque, après plusieurs années, la luzerne commence à se détériorer et qu'on rompt la terre pour y semer des grains ; ce que l'on fait aussi aux prairies épuisées ou prêtes à l'être (55, 56).

Cette méthode n'est admise qu'à la condition qu'elle sera sagement conduite, qu'elle n'épuisera point la terre et qu'elle permettra au fermier sortant de livrer à son successeur une sole de jachères et une sole de mars dans de bonnes conditions de culture.

CHAPITRE II.

Jachères.

49. Mettre la terre en jachère, c'est la laisser reposer pendant une année.

La jachère est indispensable dans la culture d'une ferme réglée par soles.

Elle a pour but deux objets : le premier de faire acquérir au sol, soit par les labours, soit par les influences des météores, les principes épuisés par les récoltes précédentes ; le second est de détruire les mauvaises herbes par de fréquents labours.

50. Chaque année, un tiers des terres est laissé en jachère. Il comprend le tiers de toutes les terres labourables de la ferme, et il est composé des terres qui, la dernière année,

formaient la sole des mars, et qui l'avant-dernière année, avaient formé la sole des hauts grains ou blés d'automne.

51. Quoique la terre, pendant l'année de jachère, ne donne point de produit, elle est néanmoins, dans le cours de cette même année, d'octobre à octobre, cultivée et façonnée de quatre labours, fumée et quelquefois parquée, pour recevoir, après ce repos, l'ensemencement des blés d'automne, car c'est sur la sole des jachères que sont ensemencés les hauts grains.

52. A la fin de son bail, le fermier sortant livre au fermier entrant cette jachère aux époques qui ont été déterminées dans les deux premières parties (1, 12, 26).

S'il ne peut en donner la totalité dans les conditions voulues, le fermier entrant a le droit de prendre le complément de sa jachère dans les meilleurs chaumes de blé d'automne du fermier sortant.

53. Le fermier sortant ne peut donner en grande quantité au fermier entrant des moitiés ou des parties de pièces pour jachère. L'équité veut qu'il livre les pièces entières et ne donne des parties de pièces que pour appoint complétant la jachère. S'il en était autrement, il lui serait facile de porter préjudice à son successeur en lui remettant pour jachère la partie de qualité inférieure dans chaque pièce.

Il ne peut aussi livrer des jachères enclavées de toutes parts par des terres ensemencées qui ne permettent pas d'y arriver pour leur culture sans des dommages que le fermier entrant devrait payer aux propriétaires de ces ensemencements.

Il doit rendre, autant qu'il le peut, la culture facile à son successeur. C'est une obligation naturelle et morale que son prédécesseur a dû remplir envers lui-même. L'infraction à ces règles d'équité le rend passible envers le fermier entrant de dommages-intérêts dont l'appréciation appartient aux tribunaux.

54. Cet usage de composer la jachère du tiers de toutes les terres en labour de la ferme, et ces principes qui défendent au fermier sortant de livrer pour la sole des jachères des parties de pièces et des pièces entièrement enclavées par des ensemencements, sans nécessité absolue et justifiée, s'appliquent à la sole des mars à remettre aussi par lui au fermier entrant. Il y a dans les deux cas parité et mêmes motifs d'application.

CHAPITRE III.

Prairies naturelles et artificielles.

55. Une des obligations principales du fermier est d'user de la chose louée en bon père de famille, suivant la destination qui lui a été donnée par le bail ou suivant celle présumée d'après les circonstances, à défaut de convention. S'il emploie cette chose à un autre usage que celui auquel elle a été destinée, ou dont il puisse résulter un dommage pour le propriétaire, celui-ci peut, selon les circonstances, faire résilier le bail.

Ces principes de droit naturel, consacrés par les articles 1728 et 1729 du code Napoléon, ne lui permettent point de labourer et retourner les prairies naturelles qui sont destinées à rester perpétuellement en prairies et à ne point changer de nature.

56. Cette défense reçoit dans l'usage une seule exception, pour le cas où les prairies naturelles se trouvent en très-mauvais état et où leur défrichement est devenu d'une absolue nécessité pour les remettre en produit. Le fermier peut alors les défricher, les rompre, ainsi que disent d'anciennes coutumes, pour les rendre en même nature de prairie après un temps qui ne doit pas excéder cinq années. Ce temps est nécessaire pour détruire, par des labours espacés et par des ensemencements de grains, les mauvaises herbes et les plantes parasites; pour semer une nouvelle graine de foin et arriver à une première récolte productive qui puisse être fauchée.

Ce défrichement ne doit donc être fait par le fermier qu'autant qu'il lui reste cinq années de bail, pour qu'il puisse remettre à son successeur les prairies en bon rapport; mais il est de son intérêt de ne le pratiquer que dans les premiers temps de sa jouissance, s'il veut, dans les années suivantes, recueillir les fruits de son travail et de ses dépenses.

Si l'intérêt d'une bonne culture permet au fermier le défrichement des prairies devenues improductives, il ne lui en impose point l'obligation, à moins qu'il ne soit bien établi qu'il les a reçues en bon produit et qu'elles sont devenues improductives par sa négligence et sa mauvaise administration.

57. Les prairies naturelles ne peuvent être livrées comme jachère ou comme sole des mars par le fermier sortant au fermier entrant. Elles ne font point partie des terres labourables dans lesquelles la jachère et la sole des mars doivent être prises, et elles n'entrent pas dans la masse qui sert à en déterminer le montant. Cette masse est composée des prairies artificielles et des terres en labour de la ferme; le tiers de cette masse forme le montant de chaque sole de jachères ou de mars.

58. Le fermier doit, chaque année, détruire les taupes dans les prairies naturelles, en abattre les taupinières et tenir le sol de ces prairies uni, pour que le foin en puisse être abattu à faux courante. Il peut les fumer selon le besoin (7).

59. La nécessité d'alterner la culture et de nourrir les bestiaux exige l'ensemencement en prairies artificielles d'une certaine quantité des terres de la ferme. Ces prairies artificielles, qui ne donnent leur produit que pendant quelques années après leur ensemencement, sont considérées comme terres de labour, et sont, à la volonté du fermier, labourées et retournées pour être ensemencées en grains, à la différence des prairies naturelles qui ne peuvent être rompues (48, 56).

La quantité des terres que le fermier a la faculté de mettre en prairies artificielles n'est point fixée; elle doit être calculée pour que la sole des jachères et celle des mars n'en soient point notablement diminuées pendant son bail, et que ces soles soient par lui livrées à son successeur dans de bonnes conditions de culture et en leur entier.

Le fermier sortant n'est point obligé à laisser à son successeur des prairies artificielles, quand il n'en a point reçu lui-même de son prédécesseur.

CHAPITRE IV.

Pailles et fumiers.

60. Le fermier est tenu d'amender et de fumer la terre et d'y conduire tout engrais nécessaire.

61. Il doit avoir des bestiaux en nombre suffisant pour la culture de la terre et la consommation des pailles et fourrages en fumiers. (BOURJON; *code Napoléon, art.* 1766 *et* n° 35.)

62. Il lui est expressément défendu d'employer les fumiers et les pailles à d'autres usages qu'à l'engrais des terres de la ferme. Plusieurs coutumes, au nombre desquelles la coutume d'Orléans, en contiennent la disposition expresse, qui a toujours été observée dans le canton de Crécy : « Le sei- « gneur de métairie, dit la coutume d'Orléans, peut empê- « cher qu'on ne transporte ailleurs les fourrages et pailles « qui doivent servir à la nourriture du bétail de la métairie « et à faire des fumiers pour les convertir à fumer et à amen- « der les terres, quand même le métayer ne s'y fût pas expres- « sément obligé. »

Ainsi cette obligation est de droit et renfermée dans celle de jouir en bon père de famille. (GUYOT, *Répertoire de juris-prudence*, V. *Bail*, DÉNISART, *Collection de jurisprudence*, *même mot*.)

63. Dans quelques communes de l'arrondissement de Meaux, le fermier peut disposer des pailles et les vendre à son profit dans une certaine proportion. La nature des terres qui donnent une récolte abondante de paille, la proximité de Paris, la facilité de se procurer des engrais, ont consacré cet usage.

Dans le canton de Crécy, le fermier, pendant tout le cours de son bail, ne peut faire argent, par vente ou échange, des pailles et fumiers qui sont le produit de sa ferme. Ces objets sont considérés comme partie intégrante du domaine et ils n'en peuvent être séparés. Le fermier est tenu de les consom-mer en entier dans les terres mêmes et à leur profit, et de re-mettre, lors de sa sortie, à son successeur tous ceux qui n'ont point été consommés. Cette remise est faite sans qu'il ait droit à aucune indemnité ni à aucun paiement.

64. Lors même que le bail se borne à imposer au fermier l'obligation de convertir en fumier toutes les pailles de sa ré-colte, sans ajouter « qu'il sera tenu de laisser sur les lieux, « en sortant, les pailles et fumiers des années précédentes, » le fermier n'est pas moins tenu à ce délaissement, lequel est considéré comme implicitement compris dans la clause.

Le parlement de Paris a consacré cette jurisprudence dans une cause qu'il est utile de rapporter, à raison de son identité avec l'usage du canton de Crécy, quoiqu'elle concerne une ferme du département du Nord.

« Le nommé Lemaire, fermier de l'abbaye de Saint-Vaast,

« avait souscrit, par un bail, l'obligation de convertir en fu-
« mier toutes les pailles récoltées dans la ferme, et même
« celles qui proviendraient des droits de dîme et de terrage
« affermés, qu'il devait conduire sur les terres de la ferme.

« Aux approches de l'expiration du bail, le successeur fit
« faire au fermier sortant une sommation de faire battre sans
« discontinuation les grains de l'année, pour se mettre en
« état de livrer, au fur et à mesure, au nouveau fermier
« toutes les pailles et fourrages qui en proviendraient, et de
« lui abandonner tous les fumiers faits avec les pailles, soit
« de la récolte actuelle, soit des récoltes précédentes.

« Lemaire répond que la clause de son bail l'assujettissait,
« il est vrai, à convertir toutes les pailles en fumier pendant
« le cours de son bail, mais que cette clause n'allait pas
« jusqu'à le contraindre de laisser en sortant les pailles et
« fumiers sur les lieux au profit du fermier entrant, pour
« lui préparer une abondante moisson.

« On répliquait à Lemaire que ce n'était pas l'intérêt in-
« dividuel du fermier entrant qu'il fallait considérer, mais
« bien celui de la terre; que l'esprit du bail avait été évi-
« demment de lui assurer un engrais.

« Par arrêt du 22 août 1784, sur les conclusions confor-
« mes de M. l'avocat général Séguier, il fut ordonné que la
« clause du bail de la ferme relative aux pailles et fumiers
« serait exécutée selon sa forme et teneur : en conséquence
« que les pailles de la récolte de 1780, ensemble tous les
« fumiers de la ferme, provenant tant de cette récolte que
« des précédentes, resteraient dans la ferme, pour être em-
« ployés par le nouveau fermier à l'engrais des terres en dé-
« pendant. » (FOURNEL, *Droit rural français*.)

65. Le fermier qui sèmerait des grains sans fumier ne
pourrait pas, pour ce motif, emporter les engrais. En effet,
l'usage lui fait un devoir de laisser, à sa sortie, tous les engrais et fumiers que le sol a produits, et il ne peut profiter du
fumier qu'il a économisé, pour se l'approprier. (VAUDORÉ,
n° 64.) Des dommages-intérêts peuvent même lui être de-
mandés pour avoir appauvri la terre et contrevenu à l'obligation de la cultiver convenablement.

66. Le code Napoléon, par l'article 1778, assujettit le fermier à laisser seulement les pailles et engrais de l'année de
sa sortie. Il est facile de voir, par le sens de cet article et de

ceux qui le précèdent et le suivent, que sa disposition ne doit être observée qu'à défaut d'usage contraire. Elle n'a point d'effet dans le canton de Crécy, où l'usage oblige le fermier sortant à laisser les pailles, engrais et fumiers, non-seulement de la dernière année, mais encore des années antérieures. Dès que ce fermier a terminé sa culture et n'a plus besoin de pailles ni d'engrais, son successeur est libre de disposer de tous ceux restants. (FOURNEL, VAUDORÉ; *Cour d'appel de Bruxelles du 19 fructidor an XIII, en Sirey, tome 5.*)

67. Le fermier sortant ne doit, pendant la dernière année de son bail, prendre dans la ferme que le fumier nécessaire pour la culture qui lui reste à faire. Il doit procéder de sorte que son successeur trouve, à mesure de ses besoins, dans le fumier restant et dans celui produit par la consommation pendant le battage des grains, la quantité indispensable pour sa culture.

Le minimum de cette quantité est fixé par l'usage, pour l'amendement de la jachère, à vingt-huit voitures à trois chevaux par hectare.

Ce minimum n'autorise point le fermier sortant à réduire les fumiers à cette quantité. Quand ils sont plus considérables, ils doivent toujours, sans distraction, être laissés en totalité au fermier entrant.

68. Dans le contrat de louage, le bailleur contracte, par la nature même du contrat, envers le locataire, l'obligation de lui livrer la chose louée, pour que ce dernier en puisse jouir. (*Code Napoléon, art. 1719.*) Cette obligation s'étend aux choses qui sont accessoires de celle qui est louée; ainsi le propriétaire, à défaut de convention contraire, est tenu de livrer ou faire livrer, à ses frais, au fermier entrant tous les fumiers, toutes les pailles et tout ce qu'on est dans l'usage de lui fournir pour l'exploitation de la ferme. (POTHIER, *Contrat de louage*, nos 54 et 55; GUYOT, V. *Bail*; VAUDORÉ, n° 18.)

69. Pour que les pailles et fumiers ne puissent être distraits au préjudice de l'engrais des terres et du fermier entrant, le fermier sortant doit, pendant toutes les années de son bail, et principalement pendant les deux dernières, engranger dans les bâtiments de la ferme les récoltes faites sur les terres de cette ferme. Le code Napoléon, par l'art. 1767, a consacré cet usage, qui a aussi pour but d'assurer le paiement du fermage du propriétaire.

Si le fermier fait valoir, dans le même lieu ou dans les environs, d'autres terres, et si, pendant les deux dernières années de son bail, il a rentré et engrangé dans les bâtiments de la ferme les récoltes en gerbes des blés, seigles, avoines et orges provenant de ces terres qui ne dépendent point de la ferme, il n'est pas tenu, à sa sortie, de laisser au fermier entrant les pailles et les fumiers provenant de ces récoltes. Ces pailles et ces fumiers lui appartiennent, et il peut les enlever. S'ils se trouvent confondus avec ceux provenant des terres de la ferme, leur quantité est déterminée par la proportion de ces terres récoltées avec celles de la ferme.

Ce mélange de récoltes produit toujours de graves contestations entre le fermier sortant et son successeur. Pour les éviter, il est essentiel de stipuler dans les baux qu'à compter de la troisième année qui précédera l'expiration du bail, le fermier sera tenu de ne point conduire et resserrer dans les bâtiments de la ferme les récoltes et les pailles en blé, seigle, avoine et orge provenant des terres qui n'en dépendent point; et que toutes les pailles de ces terres qui, depuis cette époque jusqu'à la sortie de la ferme, y auront été conduites, ainsi que tous les fumiers qu'elles auront pu produire, devront être considérés comme dépendant de la ferme.

70. Tout ce qui a été dit sur l'obligation par le fermier sortant de laisser, sans paiement ni indemnité, au fermier entrant les pailles et les fumiers de la ferme, ne peut être entendu que pour le cas où le fermier sortant les aurait lui-même reçus de son prédécesseur. C'est une avance, une facilité de culture qui lui a été faite suivant l'usage : il la doit à son successeur.

71. Si le fermier entrant n'a pas reçu ces pailles et ces fumiers de son prédécesseur, ou s'il en a payé le prix, il ne les doit pas à son successeur.

Néanmoins, l'intérêt de l'agriculture avait, même en ce cas, accordé au fermier entrant, sous les anciennes coutumes dont l'usage était suivi dans le canton de Crécy, la faculté de retenir et conserver les pailles et les engrais en les payant, sur estimation, au fermier sortant. Le code Napoléon, par l'art. 1778, a modifié cet usage, en n'accordant cette faculté qu'au propriétaire de la ferme, et seulement pour les pailles et les engrais de la dernière année.

72. Dans les pailles que le fermier sortant doit laisser, tant au jour de l'entrée en jouissance de son successeur, qu'à me-

sure du battage de ses grains après cette époque, n'est pas comprise la menue paille de blé, seigle, avoine et orge qui se met dans le sac. Cette menue paille lui appartient et peut être enlevée par lui.

Il peut aussi, au fur et à mesure de ce battage, emporter comme lui appartenant, par chaque batteur et par chacune des journées de battage, deux menus et un botteau, dont le poids n'est pas fixé et peut s'élever jusqu'à 15 kilogrammes. Le surplus de ces menus et botteaux doit, comme la grande paille, être laissé au fermier entrant, sans indemnité, pour être consommé dans la ferme.

En culture, on désigne sous le nom de menus et botteaux, la paille très-courte et brisée et les épis vides séparés de la longue paille, qui se trouvent sur l'aire de la grange par suite du battage des grains. Cette paille courte et ces épis vides, assemblés et liés à trois liens en une botte retroussée des deux bouts, forment un menu; assemblés en une botte, tenue par le milieu avec un seul lien, ils composent un botteau.

Le fermier sortant peut encore, mais par simple tolérance du fermier entrant, emporter deux bottes de paille longue par chacune des voitures de grains qu'il enlève de la ferme pendant son dernier battage, pour servir au chargement de la voiture.

73. Sous les anciennes coutumes, le fait par le fermier sortant de s'approprier ou de vendre les pailles qu'il était tenu de laisser à la fin du bail, constituait le délit d'abus de confiance.

La cour d'assises d'Orléans, par arrêt du 23 juin 1843, a jugé que, sous le droit nouveau, ce fait continuait à être un délit puni par l'article 408 du Code pénal, et elle a condamné en six mois de prison un sieur Poteau, fermier du sieur Vigneau, comme coupable de détournement des pailles destinées à être converties en fumier.

Devant la Cour de Cassation, saisie du pourvoi du sieur Poteau contre cet arrêt, Me Morin, avocat, s'est attaché à établir que, pour que l'article 408 du Code pénal trouvât son application, il fallait, d'une part, que le détournement reproché au fermier portât sur un objet qui fût la propriété du bailleur, et, d'autre part, qu'il s'agît du détournement d'un objet remis à titre de louage ou de mandat.

Or, 1° il n'est pas vrai de dire que le bailleur soit propriétaire des pailles que le fermier doit laisser à l'expiration de son bail ; il n'a droit de les exiger que comme exécution d'une obligation de faire, et non à titre de restitution de ce qui lui appartient ; ce qui le prouve, c'est que l'art. 2062 du code Napoléon, qui seul, avant la loi de 1832, contenait contre le fermier infidèle une disposition coërcitive (la contrainte par corps), n'a nullement compris les pailles dans les objets que le fermier doit restituer comme étant la chose du propriétaire, et sous la peine de contrainte.

2° Il est encore moins vrai de considérer le fermier comme locataire des pailles, car ces pailles sont des fruits ; or, il est de principe en matière de louage que le fermier est propriétaire et non locataire des fruits, la location ne s'appliquant qu'au fonds même qui les produit, ou aux objets qui garnissent ce fonds et qui sont immeubles par destination.

3° Enfin on ne saurait voir, dans l'obligation imposée au fermier de faire les engrais par la consommation des pailles et de laisser les pailles en sortant, un mandat tel que le définit la loi civile. En résumé, il ne faut voir dans le fait du fermier qu'une infraction aux clauses d'un bail, infraction plus ou moins grave, et qui peut devenir la source d'une action en dommages-intérêts plus ou moins fondée, mais non le délit si grave que prévoit l'article 408.

Ces conclusions ont été adoptées par M. l'avocat général Delapalme, qui a conclu à la cassation, et la Cour, chambre criminelle, après une assez longue délibération, a cassé, le 17 août 1843, l'arrêt de la Cour d'assises d'Orléans.

Sa décision est fondée sur ce que l'article 408 du Code pénal n'est applicable qu'autant qu'il y a eu remise à titre de louage ou de mandat ; que, dans l'espèce, il n'apparaît pas qu'il y ait eu remise précise et déterminée par le bailleur au preneur des objets litigieux ; qu'on ne doit donc voir, dans le fait reproché au preneur, qu'une infraction ordinaire aux clauses et conditions du bail, infraction dont les tribunaux civils peuvent seuls apprécier les circonstances.

Cet arrêt fera-t-il jurisprudence, et les motifs de l'avocat du preneur ne peuvent-ils point être réfutés ? Il est permis d'en douter.

Les pailles que doit laisser le fermier sortant sont la représentation de celles qu'il a reçues à son entrée en jouissance ; elles sont partie intégrante du domaine, et conséquemment la propriété du bailleur, propriétaire de ce domaine ; elles sont immeubles par destination. (*Art.* 524 *du code Napoléon.*)

Les pailles sont, à la vérité, des fruits dans le droit ordinaire ; mais celles reçues par le fermier entrant n'étaient point des fruits à son égard ; elles n'étaient point le produit de sa culture ; il n'en était point le propriétaire, il n'en était véritablement que le locataire. Elles lui avaient été remises à titre de dépôt, d'avance et de facilité de culture. Il en doit la restitution à la fin de son bail. Ce n'est point là une obligation de faire, mais une obligation de restituer la chose reçue, ou, pour mieux dire, celle qui la représente.

La Cour de cassation, loin de détruire ces principes, les consacre implicitement. Elle casse l'arrêt de la Cour d'assises d'Orléans, parce qu'il n'apparaît pas qu'il y ait eu remise précise et déterminée des pailles ; d'où la conséquence que l'application de l'article 408 du Code pénal n'eût pu être évitée, si cette remise au fermier eût été parfaitement constatée.

CHAPITRE V.

Colombier.

74. Toute ferme en Brie a ordinairement un colombier ; très-peu de fermes en sont dépourvues.

Le colombier doit être garni d'un nombre suffisant de pigeons. Ce nombre est proportionné à l'importance de la ferme, et il est fixé par l'usage à cinquante paires par charrue (35).

75. Cette quantité doit être livrée par le fermier sortant à son successeur, lorsqu'il lui fait la remise du colombier, à moins qu'il ne prouve qu'il ne l'a point reçue de son prédécesseur, ou que les pigeons sont sa propriété. Dans le premier cas, il ne doit que les pigeons qu'il a reçus ; dans le second cas, il n'est tenu à aucune remise.

76. Par exception à l'usage qui attribue au fermier entrant tous les fumiers, la fiente des pigeons ou colombine et celle des poules et autres volailles appartiennent en entier au fermier sortant, qui peut les emporter dans des sacs.

CHAPITRE VI.

Contributions.

77. L'époque à laquelle le fermier entrant doit commen-

cer à acquitter les contributions de la ferme a été dite au n° 20, pour les baux pris aux jachères, et au n° 33, pour ceux commencés par les mars.

78. Suivant la loi du 3 brumaire an VII, article 147, la contribution foncière est payable par le propriétaire, car elle est de droit à sa charge, s'il n'y a point de convention contraire dans le bail. (Porniea, n° 214.) Néanmoins, tout fermier est tenu de la payer en l'acquit du propriétaire, pour les biens qu'il a pris à la ferme. Le propriétaire reçoit les quittances du montant de cette contribution pour comptant sur les fermages, à moins que le fermier ne soit chargé par le bail de son paiement sans diminution sur ses fermages.

79. La contribution des portes et fenêtres est de droit à la charge du fermier seul, sans qu'il soit besoin de convention spéciale ; mais elle est, à l'égard du percepteur, payable par le propriétaire, sauf le remboursement par le fermier à raison du nombre des portes et fenêtres à son usage. (*Art.* 12 *de la loi du* 24 *frimaire an* VII.) Le propriétaire qui l'a acquittée peut la réclamer au fermier, quoique le bail ne le dise pas et qu'il ait donné des quittances sans réserve. (*Cassation,* 26 *octobre* 1814.)

80. La contribution personnelle, mobilière et des patentes est payable par les individus nominativement cotisés dans les rôles.

81. Lorsque le propriétaire ne réside pas dans la commune de la situation du fonds imposé, il y est représenté, pour le paiement du prix de sa cote, par le fermier, et le percepteur exerce en conséquence contre ce dernier les poursuites prescrites contre le propriétaire.
Si le propriétaire habite la même commune que le fermier, il doit être poursuivi dans les formes ordinaires et directement et personnellement. A défaut de paiement, le percepteur procède par saisie-arrêt entre les mains du fermier.

82. Les termes échus et à échoir du fermage ne peuvent être saisis que jusqu'à concurrence de la somme due par le contribuable au moment de la saisie, et, si ce montant suffit, on ne peut saisir au delà.

83. S'il y a plusieurs fermiers, le percepteur est tenu de s'adresser d'abord à celui d'entre eux dont le fermage est le plus fort, et de régler ainsi, sur le plus haut prix du fermage, l'ordre des saisies successives, s'il y a lieu d'en faire.

84. Le fermier ne peut être contraint au paiement des sommes dues pour contributions par son propriétaire qu'aux époques déterminées pour le paiement des fermages. S'il est en retard de payer les sommes arrêtées, il est poursuivi par voie de commandement et de saisie-exécution dans les formes accoutumées.

Les frais de poursuites sont payés par le fermier, sauf recours contre le propriétaire.

85. Le propriétaire est garant et responsable de la contribution mobilière, personnelle et des patentes due par son fermier, et est poursuivi par les mêmes voies que le locataire : 1° dans le cas de déménagement des meubles effectué à l'expiration du bail, si un mois avant cette expiration le propriétaire n'a pas eu soin d'en prévenir le percepteur et de tirer une reconnaissance par écrit de cet avertissement ; 2° en cas de déménagement furtif, si le propriétaire n'a point eu soin de faire constater légalement, dans trois jours, ce déménagement. (*Arrêt du conseil du 9 juin 1771* ; DULAURENS, *Manuel du contribuable* ; VAUDORÉ, nos 48 et 53.)

CHAPITRE VII.

Paiement du fermage et acquittement des charges du bail.

86. Lorsqu'une ferme est louée pour une certaine somme de fermage par année, le fermage étant le prix de la récolte, il est proprement dû aussitôt que la récolte est faite. Cependant, dans l'usage, il n'est point aussitôt exigible pour les terres cultivées par soles et saisons : il faut donner au fermier le temps de battre ses grains et de faire de l'argent.

Si le jour auquel le fermier doit payer le fermage est exprimé par le bail, nulle difficulté en ce cas : le fermage est exigible aussitôt que le jour exprimé est révolu. Si l'on n'a exprimé aucun terme pour le paiement, ce sera aux termes auxquels il est d'usage dans le pays de payer les fermages ; car quand on ne s'est pas expliqué, on est censé s'être conformé à l'usage du pays. (GUYOT, *Répertoire de jurisprudence.*)

87. Les termes d'usage pour le paiement des fermages d'une ferme, dans le canton de Crécy, sont les jours de Noël, Pâques et Saint-Jean-Baptiste (20, 34).

88. Le paiement des fermages, soit en prestations, soit en argent, doit se faire au domicile du fermier, s'il n'y a stipulation contraire ; c'est la conséquence du principe général consacré dans l'article 1247 du code Napoléon,

Lorsqu'il a été stipulé que le fermier portera ses fermages ou faisances au domicile du bailleur, il est tenu de les porter dans la maison lors occupée par ce dernier. Mais, si le bailleur vient à quitter cette demeure, le fermier ne doit pas les porter à sa nouvelle habitation, à moins que la différence du transport ne soit insignifiante, comme si le bailleur, habitant une ville, avait changé de quartier. (POTHIER, n° 137.)

89. On regarde, comme faisant partie du fermage, les prestations, soit en grains, soit en voitures, soit en bois, que le fermier fait au propriétaire.

Il doit s'en acquitter de la manière et aux époques convenues ou fixées par l'usage. Par exemple, s'il s'oblige à faire les voitures nécessaires pour les réparations des bâtiments de la ferme ou des chemins vicinaux, le propriétaire ne doit pas exiger, à moins d'une urgence évidente, qu'il les fasse pendant les semailles ou les récoltes.

Le fermier chargé de faire des voitures n'est point tenu d'aller chercher loin des matériaux, lorsqu'on en trouve près de sa terre. Il n'est pas juste non plus qu'on le contraigne à faire toutes les voitures nécessaires pour reconstruire à neuf les bâtiments, ou pour pratiquer des chemins neufs, si le bail ne parle que des voitures pour réparations. Il est maître de refuser celles qu'on exigerait pour les changements que le propriétaire se permettrait. (POTHIER, n° 205 *et suivants* ; VAUDORÉ, n° 39.)

90. Les fermiers doivent supporter tous les frais de paiements ou de livraisons. (*Art.* 1248 *du code Napoléon*.) Ils sont conséquemment tenus de payer tous les frais de quittances. Rien ne les oblige à prendre plutôt une quittance notariée qu'une quittance sous seing privé. M. Toullier, volume 7, n° 96 et 97, dit que, si le bailleur ne sait ou ne peut signer, il serait juste de mettre les quittances notariées à sa charge. Ce ne peut être qu'un vœu de ce savant jurisconsulte en faveur des fermiers, car l'article 1248 ne distingue pas le cas où le bailleur ne sait ou ne peut signer ; ses termes sont généraux : « Les frais de paiement sont à la charge du débiteur. »

Si la quittance du fermage est donnée par acte sous signatures privées, le fermier en doit supporter non-seulement le timbre, mais encore l'enregistrement nécessaire; et, si cet acte est écrit sur papier libre, l'amende est encore à sa charge. (Art. 12 de la loi du 13 brumaire an VII; Cassation, 2 fructidor an IX.) Le bailleur est tenu solidairement avec lui (mais seulement envers l'Etat) du paiement de cette amende. (Art. 75 de la loi du 28 avril 1816.)

91. Lorsque le fermier doit porter les boissons ou autres denrées au domicile du propriétaire, il est tenu de payer les droits d'inventaire ou d'octroi. Lorsque le propriétaire est obligé d'aller se livrer chez son fermier, il doit acquitter les droits d'enlèvement. (Toullier, n° 96; Vaudoré, n°° 75 à 77; art. 58 et 59 de la loi du 5 ventôse an XII.)

92. Les loyers et fermages se prescrivent par cinq ans, qui courent, non-seulement de l'expiration du bail, mais, pour chaque terme de fermage, du jour de son échéance. (Répertoire de jurisprudence de Merlin; art. 2277 du code Napoléon.

93. Il existe plusieurs cas où, selon l'usage, la libération du fermier s'établit par des présomptions. Par exemple : le propriétaire qui se réserve le droit de nourrir son cheval sur la ferme lorsqu'il ira; qui exige tant de beurre, ou de lait, ou de crème, pour lui ou les personnes qu'il conduira chez le fermier, ne peut se faire tenir compte, à la fin du bail, de ces faisances, s'il ne les a point prises chaque année. Elles sont censées remises dès qu'elles n'ont point été exigées au temps fixé. (Olivier de Saint-Wast.)

Il en est de même quand on est convenu par le bail à ferme que le fermier fera gratuitement pour le propriétaire tant de voitures ou charrois par année ou tant de journées de travail. Le bailleur qui a laissé s'écouler l'année sans exiger ces charrois ou journées de travail, les perd et ne peut les demander cumulativement avec ceux de l'année courante. La raison qui ne lui permet pas de laisser accumuler deux ou plusieurs années de ces sortes de charges, est que le fermier est présumé n'avoir consenti à faire ces charrois ou journées de travail que successivement et d'année en année, parce que de cette manière ils ne nuisent point à ses autres travaux, et le bailleur ne doit pas rendre par sa négligence la condition du fermier pire que celui-ci ne l'a entendu au moment du bail. Il en serait autrement si le bailleur s'était réservé le choix d'exiger ces charges en nature ou en argent. (Massé, *Parfait notaire, livre 6, chapitre 4.*)

94. Suivant Pothier, n° 179, et plusieurs autres auteurs, les quittances de trois années de fermages consécutives établissent une présomption de paiement des années précédentes.

Pour que cette présomption soit favorable, il faut : 1° que les fermages des années précédentes soient dus à la personne qui a expédié les quittances ; 2° que ce soit la même personne à laquelle on a donné quittance des trois années consécutives qui soit la débitrice des fermages précédents ; 3° que rien ne prouve pour quelle raison les derniers fermages ont été reçus avant les premiers ; 4° que la libération des trois années ne soit pas opérée par une seule quittance. (Ruelle.)

D'après Delvincourt, cette présomption ne s'applique qu'aux cas et aux lieux où les fermages se paient par année. Il pense qu'en général l'acquit des trois derniers termes suppose le paiement des termes antérieurs.

Mais des présomptions de cette espèce n'étant pas admises par le code Napoléon au nombre des présomptions de droit, c'est au juge à les adopter ou à les rejeter, selon les circonstances. (Toullier, *volume 7, n° 339* ; Vaudoré, *n°s 78 à 80* ; *Cassation, 21 mars 1808* ; *code Napoléon, art. 1353.*)

95. Lorsqu'après l'expiration du bail, le propriétaire a laissé sortir le fermier sans être couvert des fermages échus et arriérés, et qu'il est resté cinq ans sans les lui demander, il y a fin de non-recevoir et prescription contre toute réclamation de ces fermages, qui sont de droit présumés ou soldés ou remis. (Ordonnance de 1629, *art. 142* ; *Arrêt du parlement de Paris, du 18 janvier 1628* ; *Cassation, 19 germinal an XII* ; Fournel, *tome 2, page 22.*)

CHAPITRE VIII.

Durée d'un bail à ferme verbal.

96. Lorsque les terres labourables d'une ferme sont partagées en trois soles ou saisons ; qu'une partie s'ensemence en blé d'automne, une autre partie en blé de mars, en avoine et orge, tandis que la troisième partie se repose, le temps

que doit durer le bail de ces terres n'étant pas exprimé dans l'acte (ou le bail n'étant que verbal), la jouissance du fermier doit être de trois années, parce qu'il faut ce temps pour ensemencer chacune des parties comprises dans le bail. (GUYOT, *Répertoire de jurisprudence*.) Voir n° 41.

Cet ancien usage, suivi dans le canton de Crécy, a été consacré par l'art. 1774 du code Napoléon. « Le bail sans « écrit, dit-il, d'un fonds rural est censé fait pour le temps « qui est nécessaire afin que le preneur recueille tous les « fruits de l'héritage affermé. Ainsi le bail à ferme d'un pré, « d'une vigne ou de tout autre fonds dont les fruits se re- « cueillent en entier dans le cours de l'année, est censé fait « pour un an. Le bail des terres labourables, lorsqu'elles se « divisent par soles ou saisons, est censé fait pour autant « d'années qu'il y a de soles. »

CHAPITRE IX.

Tacite réconduction.

97. Après l'expiration d'un bail, si le fermier continue d'exploiter, cette continuation renouvelle la location et forme tacite réconduction. (BOURJOT, *Droit commun de la France*; GUYOT, *Répertoire de jurisprudence*.

Lorsque le bail a été fait sans écrit, la tacite réconduction a également lieu; elle court même avant l'expiration du bail, si l'une des parties n'a pas entièrement donné congé à l'autre dans les délais fixés par l'usage des lieux (117).

98. La tacite réconduction est autorisée en France depuis des siècles. Elle n'opère qu'un bail verbal.

La loi du 28 septembre 1791, sur la police et les usages ruraux, avait déclaré qu'elle n'aurait plus lieu pour les biens ruraux, mais le code Napoléon lui a rendu tous ses anciens effets. Dans l'art. 1776, il dit : « Si, à l'expiration des baux « écrits, le preneur reste ou est laissé en possession, il s'o- « père un nouveau bail dont l'effet est réglé par l'article « relatif aux locations faites sans écrit. » (C'est-à-dire, par l'art. 1774.)

99. La tacite réconduction, formant un nouveau bail, doit se régler, comme le veut l'art. 2 du code Napoléon, par les lois sous l'empire desquelles la jouissance qui l'établit a eu lieu. (*Cour d'appel de Rouen, 17 mai 1812, en Sirey, t. 12.*

100. Elle s'opère au profit du fermier ou contre lui, soit par suite d'un bail verbal, soit par suite d'un bail écrit. L'art. 1776 du code Napoléon, quoique ne parlant que des baux écrits, s'applique aussi aux baux verbaux. (*Arrêt de la Cour de Rouen qui vient d'être cité; Cassation, ch. des req., 9 juillet 1850.*)

101. Le bail opéré par tacite réconduction est censé consenti aux mêmes conditions que le bail qu'il continue. La durée en est réduite à celle des baux non écrits (96).

102. Autrefois, selon Domat et Pothier, la tacite réconduction prorogeait le bail pour le temps pendant lequel tout bail était censé fait. Quant au prix, on suivait les premières conditions. C'est ainsi qu'on doit appliquer le code Napoléon. (DELVINCOURT.)

« La tacite réconduction ne renouvelle pas toute la durée du bail, mais sa durée se fixe par son objet et varie selon sa nature; de là il suit que, s'il s'agit de terres qui se cultivent par soles et saisons, la tacite réconduction est de trois ans, car, sans cela, la jouissance du fermier serait imparfaite. La tacite réconduction produit l'effet d'une convention verbale qui, par rapport à de telles terres, aurait cette durée. » (POTHIER, *n*° 361 ; BOURJON, 1774, *code Napoléon.*)

103. Si, après ces délais, il y a continuation de jouissance, cette continuation forme une nouvelle réconduction tacite qui se régit par les mêmes principes. (BOURJON.)

104. Selon Pothier, le prix du bail opéré par tacite réconduction, sur un bail d'un an, ne doit pas être le même que celui du premier, car il peut y avoir une inégalité dans la valeur des soles : il veut que le prix de la tacite réconduction soit, en ce cas, fixé par experts.

Le code Napoléon n'a pas admis cette exception. Dès que les parties ont laissé courir la tacite réconduction, on doit admettre qu'elles trouvent juste la fixation du premier prix.

Le prix du bail par tacite réconduction reste donc le même que celui qui a été déterminé par le premier bail, quel qu'ait été le nombre d'années de ce premier bail. S'il avait été payé un pot-de-vin sur celui-ci, on en supposerait un pour la tacite réconduction, proportionné à sa durée. Par exemple, si le premier bail est de six ans, et que le preneur ait donné un pot-de-vin de 200 fr., le pot-de-vin, pour la tacite réconduction de trois ans, doit être de 100 fr. (Pothier, n° 365; Ruelle, n° 22.)

105. Dans le cas de tacite réconduction, la caution donnée par le bail ne s'étend pas aux obligations résultant de la prolongation. (*Code Napoléon, art.* 1740.)

106. Les hypothèques ou la contrainte par corps, stipulées contre le preneur dans le premier bail, ne sont pas censées renouvelées dans la tacite réconduction. (Delvincourt; Pothier, 364 *et* 367.)

107. Le premier bail ayant la forme exécutoire ne peut servir au bailleur pour exécuter contre le fermier sur la tacite réconduction. Il ne doit être suivi que pour faire connaître les conditions du nouveau bail : on le regarde comme étant sous seings privés. (Pothier, 367.)

108. Le code Napoléon ne dit point en l'art. 1738 pendant combien de temps les jouissances du preneur doivent se prolonger, après l'époque où il est tenu de sortir, pour qu'il y ait tacite réconduction.

Le Conseil d'Etat a reconnu qu'il ne fallait point fixer ce temps, mais qu'on devait s'en rapporter à la prudence des juges sur ce point.

D'après l'usage, il y a tacite réconduction si le fermier est resté sur les lieux assez de temps pour que le bailleur en ait connaissance et puisse le sommer de sortir.

En général, la tacite réconduction des héritages ruraux a lieu lorsque, depuis l'expiration du bail pour les bâtiments, le fermier a continué d'y demeurer, ou lorsqu'après l'expiration de la dernière année, il a commencé les façons et labours de l'année suivante, ou lorsqu'étant encore sur les lieux, il a payé les impôts des fonds affermés, échus depuis l'expiration du bail écrit.

Mais comme le preneur pourrait faire des travaux et payer les impôts à l'insu du bailleur, celui-ci peut empêcher la tacite réconduction par une défense de continuer l'exploitation.

109. La coutume de Lille et de Lasalle donne au propriétaire jusqu'à la Chandeleur (2 février) pour sommer le fermier qui, depuis l'expiration de son bail écrit dans une ferme prise par la jachère, a labouré et ensemencé les terres, de cesser l'exploitation, à la charge de l'indemniser de ses labours et de ses semences. (Pothier, 352.)

Cet usage est suivi dans le canton de Crécy pour les baux pris à la jachère.

Pour ceux pris aux mars, l'usage n'admet la validité de la défense faite au preneur de continuer son exploitation après la fin du bail écrit, que lorsque cette défense n'est point faite après le 15 avril qui suit l'expiration du bail.

La différence des délais de la défense dans les deux baux provient de ce que, dans un bail finissant aux mars, il y a nécessité d'une culture et d'un ensemencement presque immédiats de la sole des mars, tandis que, pour un bail qui prend fin à la jachère, la culture peut être rigoureusement différée, puisque le fermier nouveau n'ensemence cette jachère qu'à l'automne de l'année qui suit son entrée en jouissance.

110. Malgré ces usages, les époques auxquelles la défense de continuation de jouissance peut être faite en temps utile au fermier sortant d'un bail écrit sont aussi laissées à l'appréciation des juges, qui ont toujours le droit de décider suivant les circonstances, dans les lieux où les coutumes sont muettes, comme dans celle de Meaux, de laquelle Crécy ressortissait.

Il a été jugé, le 25 septembre 1845, par le tribunal de première instance de Pontoise, pour une ferme située dans cet arrondissement, qu'on ne pouvait considérer comme continuation de bail par tacite réconduction, le fait par le fermier sortant d'avoir, postérieurement au 11 novembre, époque à laquelle il devait livrer les jachères, ensemencé en vesce et en pois, ou toute autre petite graine, suivant l'usage de la localité, la portion de terres qu'il devait rendre en jachères, sous chaume d'avoine, malgré qu'il se fût écoulé huit mois depuis l'échéance où il devait rendre ces jachères jusqu'à la demande de cette remise à lui faite par le fermier entrant.

Ce jugement est la preuve de la latitude laissée aux juges, dans les provinces de coutume muette, pour l'appréciation des délais de la défense de cultiver donnée au fermier après la fin de son bail.

111. Dans les baux verbaux, le congé de sortie donné, soit par le propriétaire, soit par le fermier, doit toujours précéder d'un certain temps la fin du bail (117). Il en est de même pour les premières périodes d'un bail écrit.

« Le congé signifié, le preneur, quoiqu'il ait continué sa
« jouissance, ne peut invoquer la tacite réconduction » (*Code
Napoléon*, 1739.)

Pour que ce congé, dans les baux verbaux, reçoive néanmoins son exécution, il est indispensable qu'après leur expiration la jouissance du fermier sortant ne se prolonge pas
trop longtemps, car la réconduction prend son cours malgré
tous actes contraires, lorsque le propriétaire laisse jouir sans
arrêter cette jouissance par une défense nouvelle. Le nouveau bail qu'il aurait passé à un tiers, par acte ayant même
date certaine, avant ou pendant le terme nécessaire pour
expédier le congé, n'empêcherait point le fermier ancien de
continuer sa jouissance. (Pothier, 350 ; Vaudore, 104 à 117.)

Ici s'appliquent, pour les délais dans lesquels doit être
donnée, après l'expiration du bail verbal, la nouvelle défense
de jouissance au fermier sortant, les règles qui viennent
d'être dites pour les baux écrits aux n°s 107, 108 et 109, et
qui sont aussi laissées dans leur entier à l'appréciation des
juges.

112. Lorsque, malgré les défenses du propriétaire, les stipulations du bail ou la signification du congé, le preneur a
labouré et ensemencé, il lui est tenu compte, en cas d'expulsion, de ses travaux, labours et dépenses utiles sur les terres
de la ferme, personne ne devant s'enrichir aux dépens d'au-
trui (Pothier, 354) ; mais il peut être justement condamné
au paiement des indemnités et dommages que son retard mal
fondé à remettre les lieux et les terres a fait éprouver au
propriétaire ou au fermier entrant.

113. La défense d'invoquer la tacite réconduction qui serait
insérée dans un bail n'est pas absolue ; elle n'a d'autre objet
que d'empêcher les surprises. On ne peut supposer que les
parties aient voulu s'interdire un changement de volonté.
(Pothier, 355, 356.)

114. La tacite réconduction est fondée sur la présomption
que les parties veulent tenir à leurs anciennes conventions,
et qu'elles les renouvellent par leur silence.

De là il suit que si, avant l'expiration du bail, le propriétaire a poursuivi le fermier en expulsion, et que le fermier
ait joui pendant le procès depuis l'époque fixée pour sa sortie,
il ne peut invoquer la tacite réconduction.

CHAPITRE X.

Congé.

115. Lorsque le bail a été fait par écrit, il cesse de plein droit à l'expiration du terme fixé, sans qu'il soit nécessaire de donner congé. (*Code Napoléon, art.* 1737.)

S'il a été fait sans écrit, l'une des parties ne peut donner congé à l'autre qu'avant l'expiration du bail, et en observant les délais fixés par l'usage des lieux. (*Art.* 1736 *du même code.*)

116. Le congé ne se donne valablement que par exploit ou par un acte fait double. Dans aucun cas, et quelque modique que soit le prix du bail, on n'en reçoit point la preuve par témoins, s'il n'est suivi d'aucune exécution. (Nouveau DENISART; PIGEAU, *vol.* 2 ; *Cassation,* 12 *mars* 1816.)

Autrefois on était tenu de le faire juger valable ; il suffit aujourd'hui de le donner sans se pourvoir en justice, à moins que l'une des parties ne le conteste. (TOULLIER, *n°* 34, *vol.* 9.)

Selon Ruelle, n° 88, la remise et l'acceptation des clefs peuvent s'établir par témoins. Il semble, au contraire, que ces faits, ayant pour objet la résolution du bail, ne peuvent, comme le congé lui-même, se prouver par témoins. (*Argum. de l'art.* 1736 *du code Napoléon.*)

117. Les congés sont nécessaires, non-seulement avant l'expiration de chaque bail, mais avant la révolution des périodes auxquelles les baux expirent. Par exemple, si l'une des parties veut faire cesser un bail, même écrit, de trois, six ou neuf années, à l'une ou l'autre des deux premières périodes, elle doit donner congé avant l'échéance de chacune, en observant les délais d'usage. (POTHIER, 326 ; *Nouveau* DENISART; DELVINCOURT; TOULLIER, 9, n° 34.)

118. Les délais dans lesquels les congés doivent être donnés varient suivant les lieux et les usages ; le juge a même la liberté de les proroger s'ils expirent dans le cours d'une contestation élevée sur la durée du bail. (*Cassation,* 23 *février* 1814.)

A l'égard d'une ferme, prise soit à la jachère, soit aux mars, dont les terres sont distribuées par soles et saisons, il faut toujours que le fermier en jouisse pendant une ou plusieurs périodes de trois ans. Le congé doit être par lui donné au propriétaire, ou il doit le recevoir du propriétaire, six mois avant que la culture d'une autre sole soit entamée, après la révolution de l'une de ces périodes. (DENISART, v° *congé*.)

Tel est l'usage du canton de Crécy.

119. La déclaration des usages locaux sur ce point est tellement abandonnée à l'arbitrage des juges, que l'on ne peut recourir en cassation pour la violation que les tribunaux commettraient contre ces usages. Elle est de leur part l'attestation d'un fait local qui échappe à la censure. (*Cassation,* 26 *février* 1814.)

120. La partie qui donne congé à l'autre est tenue de lui laisser francs les délais fixés par l'usage ou par le bail; par exemple : s'il s'agit d'un délai de six mois, le congé doit être donné, au plus tard, la veille du jour commençant les six mois. (*Acte de notoriété du Châtelet de Paris, du* 28 *mars* 1713; PIGEAU.)

121. Une fois que le congé est signifié et accepté, l'une des parties ne peut changer de volonté malgré l'autre et s'opposer à la cessation des jouissances. Le congé forme un contrat synallagmatique, et c'est pour cela qu'il doit être fait double, à peine de nullité, s'il est donné et reçu par acte sous-seings privés.

122. L'art. 1736 du code Napoléon exige, par une disposition générale pour toute espèce de biens, un congé avant l'expiration du bail sans écrit.

L'art. 1775 n'en prescrit pas pour les biens ruraux, quoique le bail en soit fait sans écrit, et dit que ce bail cesse de plein droit à l'expiration du temps pour lequel il est censé fait.

Quelques auteurs ont voulu concilier ces deux articles. Ils ont pensé que la disposition de l'art. 1775 pour les biens ruraux ne renfermait aucune contradiction avec l'art. 1736.

Quoiqu'il en soit de ces dispositions qui paraissent contraires, au moins à la simple lecture, l'usage a prévalu de donner congé pour les biens ruraux comme pour ceux de ville dont les baux ont lieu sous conventions verbales, et cet usage est suivi, sous peine de tacite réconduction, dans le canton.

123. Tout ce que contient une ferme ne peut être enlevé

dans un seul jour; aussi l'usage donne-t-il, après l'expiration du bail, au fermier sortant, huit jours pour vider entièrement les lieux, soit que le bail prenne fin par la signification d'un congé, soit qu'il se termine par les stipulations d'un bail écrit. Pendant chacun de ces huit jours, le fermier sortant doit successivement remettre à son successeur une partie des bâtiments, en commençant par ceux de l'habitation, de manière à lui faciliter son installation dans la ferme:

CHAPITRE XI.

État des lieux. — Réparations locatives. — Réparations foncières.

124. D'après l'art. 1720 du code Napoléon, le bailleur est tenu de livrer au preneur les lieux en bon état. Il doit faire les réparations et réfections nécessaires, quand bien même le preneur serait entré en jouissance sur un devis où le mauvais état serait constaté. (Ruelle, 149.)

125. Les états des lieux ou devis peuvent être rédigés sous signatures privées comme les baux. On doit les faire doubles et en autant d'originaux qu'il y a de parties ayant un intérêt opposé. (Delvincourt; *art. 1325 du code Napoléon*.)

126. Les frais des états de lieux doivent être supportés par le propriétaire, comme étant une suite de l'obligation de livrer dont le bailleur est chargé. (Ruelle, n° 341 ; *art.* 1608, 1693, 1720 *du code Napoléon*.)

Les frais de contre-visite à faire à la fin du bail sont à la charge des preneurs, comme obligation naturelle de rendre les lieux en pareil état qu'ils les ont reçus.

127. Dans les états des lieux et devis de fermes, il faut s'attacher à bien décrire l'état : 1° des bâtiments et de leurs fermetures; 2° des fossés, des rigoles et des haies; 3° des coupes périodiques des bois; 4° des soles ou guérets, en gros grains, en menus; 5° des arbres fruitiers et autres; 6° des prairies et herbages; 7° des vignobles.

128. Les héritages ne doivent être rendus ni dans un meilleur, ni dans un plus mauvais état que celui dans lequel ils ont été livrés au preneur, sauf les changements survenus par force majeure ou par vétusté. (*Argument de l'art.* 1755 *du code Napoléon.*)

La présomption établie par l'art. 1731 du code Napoléon, que : « s'il n'a pas été fait d'état des lieux, le preneur est « présumé les avoir reçus en bon état de réparations loca- « tives, et doit les rendre tels, sauf la preuve contraire, » n'est pas une présomption absolue du droit, puisque le preneur est autorisé à prouver, même par témoin, à défaut d'écrits (la loi supposant qu'il n'y en pas), que les lieux étaient en tel ou tel état lors de son entrée en jouissance.

C'est au locataire à faire cette preuve tant qu'il est encore dans les lieux. Après cette époque et lorsqu'il est une fois sorti, cette preuve doit, au contraire, être administrée par le propriétaire. (RUELLE, 365.)

129. Le code Napoléon indique, dans l'art. 1754, seule- ment cinq sortes de réparations locatives, qui sont toutes à la charge des preneurs, même dans les lieux où il existait des usages contraires.

Il renvoie à l'usage des lieux pour les autres réparations de cette nature, aussi à la charge du locataire, et qu'il ne dé- signe pas.

La coutume de Meaux, de laquelle Crécy dépendait, ne contient aucune disposition à cet égard; on y suivait les usages du droit commun.

Ce sont ces usages, encore existants, qui vont être retracés, en ce qui concerne les baux de fermes, en y joignant les cinq sortes de réparations locatives imposées spécialement au preneur par le code Napoléon.

Pour plus grande facilité des recherches, ils ont été classés dans l'ordre alphabétique.

130. Aires *en terre* des granges, des rez-de-chaussées et des planchers des chambres et greniers.

Sont entretenues et réparées par le fermier. (VAUDORÉ, n° 486.)

Les réparations des aires *en plâtre* des appartements, chambres et greniers ne sont pas à la charge du locataire. (MERLIN; VAUDORÉ, 486, 487.)

131. Arbres.

Les jeunes arbres étant sur les terres de la ferme doivent être deux fois, ou tout au moins une fois, labourés au pied chaque année, et aussi, pendant le temps nécessaire, abrités et garantis par des tuteurs, épines ou ronces, par le fermier, qui doit couper les surgeons et gourmands qui poussent à ces arbres. (VAUDORÉ, 58; DESGODETS; POTHIER, 124.)

Le corps et la houppe des arbres qui meurent pendant le bail appartiennent au propriétaire, qui doit faire remplacer ces arbres à ses frais; les élagages sont fruits de jouissance et appartiennent au fermier sur ceux de ces arbres susceptibles d'être élagués.

Pour les ormes et les autres arbres en bois dur, l'élagage n'a lieu qu'après quatre ans de feuilles, et ne peut être fait plus de deux fois dans une période de neuf années. Les saules, peupliers et autres bois blancs sont élagués tous les trois ans.

L'élagage ne peut, pour les arbres de toute nature, comprendre que les deux tiers de leur élévation totale; un tiers de hauteur doit toujours être conservé à la houppe.

Une exception est faite pour les saules dont la houppe forme le seul produit; toutes les branches de cette houppe sont coupées en entier.

Le fermier n'a pas la faculté, pour tirer plus grand parti des branches, ou sous un autre prétexte, de laisser s'accumuler plusieurs périodes d'élagages; il en résulterait, au préjudice des arbres, une altération et de trop larges plaies que la sève aurait peine à cicatriser et à recouvrir.

Le fermier qui, sur les terres de la ferme, a planté à ses frais des arbres, même à perpétuelle demeure, peut les arracher et les emporter à la fin de son bail. Le propriétaire peut cependant s'y opposer et les conserver en lui en payant la valeur. (LEPAGE; *Nouv.* DESGODETS; *Arrêt du Parlement de Bretagne, du 17 octobre 1775; Cassation 1er juillet 1831*.)

132. Arbres plantés dans les jardins, *voir* Jardins.

133. Arbustes, *v.* Jardins.

134. Armoires, *v.* Portes.

135. Atres, contre-cœurs, chambranles et tablettes de cheminée en bois, en marbre, en pierre, en fonte ou en plâtre.

Doivent être réparés par le locataire. (*Code Napoléon, art.* 1754; RUELLE; *Nouv.* DESGODETS.)

Lorsque les plaques de fonte, les tablettes et chambranles des cheminées ont été cassés par le locataire, ce dernier doit, non point les raccommoder, mais en fournir d'autres entiers. (GUYOT.) Il est responsable aussi des scellements qui retiennent ces objets et des croissants qui servent à retenir les pelles et pincettes; il doit les faire resceller et même en fournir de nouveaux, s'ils sont perdus ou cassés. (*Nouv.* DESGODETS.)

Il n'est pas toujours facile de juger si un chambranle, une tablette, le revêtissement de l'attique d'une cheminée en marbre ou en pierre, sont détériorés par la faute du locataire, ou par l'effort des plâtres, ou par un tassement, ou autre cause dont il n'est pas responsable. Fort souvent les marbriers vendent de pareilles pierres comme saines et entières, tandis qu'elles sont tranchées par des fils qu'ils ont soin de boucher avec du mastic mêlé de poudre de marbre. Ces réparations, qui sont d'une grande dépense, ont besoin d'être examinées soigneusement avant de décider par qui elles seront supportées. (RUELLE, 421; *Nouv.* DESGODETS; VAUDORÉ, 482, 483.)

136. Auges.

Lorsqu'une auge en pierre a été cassée ou écornée de manière à ne pouvoir plus retenir l'eau en son entier, elle doit être, non point réparée, mais remplacée par une autre par le fermier, à moins qu'il ne prouve que la pierre était viciée ou que la rupture a été causée par cas fortuit. (*Nouv.* DESGODETS; GOURY.) Le fermier ne doit qu'une simple réparation si la dégradation est légère. (VAUDORÉ, 508.)

137. Balanciers des pompes, *v.* Puits.

138. Balcons, grilles en fer ou en bois.

S'il y manque quelques pièces ou s'il y en a de cassées, la présomption est que le locataire en est cause; il en est responsable, ainsi que des treillis en fil de fer ou de laiton, quand ils ont été brisés autrement que par vétusté ou cas fortuit. (VAUDORÉ, 100; *Nouv.* DESGODETS.)

139. Bancs, *v.* Jardins.

140. Barrières et bornes.

Quand les barrières et les bornes ne sont pas en état de vétusté et qu'elles sont brisées par la maladresse des cochers ou des voituriers, le locataire en est responsable; ces objets sont toujours assez forts pour supporter le frottement ordinaire des voitures. S'ils se trouvent cassés, ce ne peut être que par un fait étranger au propriétaire. (RUELLE, 415; *Nouv.* DESGODETS; VAUDORÉ, 507.)

141. Bassins. *V.* Jardins et Mares.

142. Bergeries. *V.* Mangeoires; pavés des cours.

143. Boiseries, *v.* Portes.

144. Bordures, *v.* Dessus de portes et jardins.

145. Bornes, *v.* Barrières.

146. Buanderies, *v.* Fourneaux et pavés.

147. Buffets, *v.* Tables.

148. Buis, *v.* Jardins.

149. Caisses de fleurs, *v.* Jardins.

150. Canaux, *v.* Mares.

151. Carreaux et pavés des chambres et bâtiments.

Leur entretien est à la charge du locataire lorsqu'il y en a seulement quelques-uns de cassés. (*Code Napoléon, art.* 1754.)

Le locataire n'est pas présumé être l'auteur des détériorations lorsque, par exemple, une grande partie des carreaux se trouve feuilletée ou cassée. (LEPAGE.) Il est vraisemblable que c'est leur mauvaise qualité, ou la vétusté, ou l'humidité qui les a détruits, quand une grande partie des pavés ou des carreaux a besoin de réparation.

Le locataire est tenu, dans tous les cas, de prouver que ces dégradations ne proviennent pas de son fait. (RUELLE; *Argument de l'art.* 1752 *du code Napoléon.*)

Dans les pièces carrelées en carreaux blancs et noirs, s'il y a des plates-bandes de pierre au pourtour des murs, elles font partie des carreaux et sont à la charge du locataire lorsqu'elles sont cassées seulement en quelques endroits. Néanmoins, il faut examiner si les cassures n'ont point été faites par la charge des plâtres qu'on a mis dessus en enduisant les murs, ou par quelque lambris posé à force, ou par tout autre effort. Dans tous ces cas, le locataire n'est pas responsable. (RUELLE, 421.)

Si les pièces des appartements ne sont point carrelées, on ne met point à la charge du locataire les trous pratiqués dans les aires de plâtre. (MERLIN; VAUDORÉ, 486, 487.) *V.* Parquets, fourneaux, escaliers.

152. Chaînes des puits et des greniers (entretien des), *v.* Puits.

153. Chambranles des cheminées, *v.* Atres.

154. Chambranles des portes, *v.* Portes.

155. Chapes des poulies, v. Puits.

156. Châssis, v. Vitres.

157. Cheminées, v. Atres et ramonage.

158. Chenilles, v. Echenillage; prairies.

159. Clés, v. Portes.

160. Cloisons, v. Portes.

161. Conduits, v. Jardins.

162. Contre-cœurs des cheminées, v. Atres.

163. Contrevents, v. Portes.

164. Coquilles en marbre, v. Tables.

165. Cordes des greniers et puits, v. Puits.

166. Cours d'eau, v. Mars.

167. Cours des fermes (entretien du pavé des), v. Pavés.

168. Couvertures des bâtiments, v. Toits.

169. Crépi. Recrépiment.

Le code Napoléon veut que le crépi ou recrépiment du bas des murailles des appartements et autres lieux d'habitation soit refait par le localaire ou sous-locataire jusqu'à la hauteur d'un mètre. (*Art.* 1754.)

Sont compris dans cette réparation tous les autres bâtiments et murs qui dépendent des biens loués.

Le localaire n'est tenu d'aucun recrépiment pour les parties extérieures des bâtiments et murs.

Il est juste de le dispenser du recrépiment si les murs avaient été endommagés par l'humidité naturelle des lieux. (RUELLE, 385; *Argument de l'art.* 1755 *du code Napoléon.*)

Le recrépiment à faire des parties de murs, même au-dessus d'un mètre, tant à l'intérieur qu'à l'extérieur, est à la charge du localaire, lorsque la dégradation provient de son fait. (RUELLE, 386; VAUDORÉ, 485; *Code Napoléon,* 1755.)

170. Croisées, v. Escaliers; portes; vitres.

171. Croissants des cheminées, v. Atres.

172. Cuisines, v. Fourneaux et pavés.

173. Curage des mares, canaux, bassins, fossés, rigoles, v. Mares.

174. Curage des latrines et des puits, v. Puits.

175. Cuvettes en marbre, v. Tables.

176. Dessus de portes, tableaux et bordures.

Leur réparation est à la charge du locataire lorsqu'ils ont été gâtés pendant sa jouissance.

On peut dire la même chose des sculptures et des autres ornements, s'ils ont été cassés ou détériorés autrement que par vétusté ou par force majeure. (RUELLE   ; *Nouv*. DESGODETS; VAUDORÉ, 498.

177. Eaux (cours d'), v. Mares.

178. Eaux de vaisselle et de savon, v. Latrines; puits.

179. Echalas, v. Vignes.

180. Echenillage des arbres, haies et buissons.

Il est à la charge du fermier.

Une loi du 26 ventôse an IV, tirée d'un arrêt du Parlement de Paris du 4 février 1732, établit la manière dont ce soin doit être pris.

Il doit être fait annuellement avant le 1er ventôse (20 février). (*Art*. 6 *de cette loi*.)

Les bourses et les toiles qui en proviennent doivent être brûlées de suite dans un lieu où il n'y ait aucun danger de communication du feu, soit pour les bois, arbres et bruyères, soit pour les maisons et bâtiments. (*Art*. 3.)

Une amende de 4 à 5 fr. est prononcée par l'art. 471, n° 8 du code pénal, contre ceux qui ont négligé d'écheniller dans les campagnes et jardins.

181. Ecoulement des eaux, v. Mares.

182. Ecuries, v. Mangeoires; pavés.

183. Elagage, v. Arbres; haies.

184. Embrâsure des croisées et portes, v. Portes.

185. Epines (destruction des), v. Prairies.

186. Escaliers.

Les trous des marches des escaliers dont le dessus est en aire de plâtre restent au compte du propriétaire.

Si les escaliers sont carrelés entre les bois, l'entretien des carreaux est à la charge du locataire.

Les dépendances des escaliers, telles que croisées, rampes, écuyers, vases ou pommes de cuivre, lanternes, doivent être entretenus de réparations locatives par le locataire. (MERLIN; GUYOT; BOURJON; VAUDORÉ, n° 489.)

187. Espaliers, *v.* Jardins.

188. Etables (réparations aux mangeoires et pavés), *v.* Mangeoires; pavés.

189. Etangs, *v.* Mares.

190. Eviers, *v.* Pierres à laver.

191. Fenêtres, *v.* Portes; vitres.

192. Fermetures *v.* Portes.

193. Figures, *v.* Jardins.

194. Fosses d'aisances (curage des), *v.* Puits.

195. Fossés (curage des), *v.* Mares.

196. Fourmis (destruction des), *v.* Prairies.

197. Fourneaux.

Les fourneaux de cuisine, soit ceux qu'on appelle potagers, soit tous autres, tels que ceux qui servent aux lavoirs, aux buanderies, leurs voûtes, murs et planchers, sont à la charge du propriétaire.

Le locataire est tenu d'entretenir le carreau, tant celui qui est placé sur le plancher où tombent les cendres des réchauds que celui du dessus des fourneaux. Il fait refaire le scellement des réchauds; il doit remplacer les réchauds potagers qui sont cassés, et leurs grilles si elles sont brûlées.

Quant aux paillasses des cuisines, le locataire n'est tenu que d'entretenir le carreau de dessus. Ces paillasses sont de petits massifs de maçonnerie élevés de terre d'environ 56 centimètres. (*Nouv.* DESGODETS; VAUDORÉ, 505.)

198. Fours à cuire le pain.

L'usage est que le propriétaire entretienne les murs, la voûte du dessous s'il y en a, le tuyau et la cheminée des fours. Reste à la charge du locataire, l'entretien de l'aire du four qui est en terre ou carrelée, et de la chapelle, c'est-à-dire de la voûte supérieure. (RUELLE; *Nouv.* DESGODETS; VAUDORÉ, 505.)

199. Gazon, *v.* Jardins.

200. Glaces.

Les glaces placées soit sur les cheminées, soit partout ailleurs, sont sous la garde du locataire; il doit les rendre nettoyées et entières. S'il les casse, il doit en rendre de nouvelles de mêmes qualité et dimension, et les morceaux de celles qu'il remplace lui appartiennent.

Il arrive que les glaces se trouvent cassées soit par l'effet des parquets qui les supportent, soit par le tassement ou le gonflement des plâtres; la perte en est alors supportée par le propriétaire.

L'entretien des parquets et trumeaux dans lesquels les glaces sont encadrées est à la charge du locataire. (RUELLE, 410; VAUDORÉ, 495; *Nouv.* DESCODETS.)

201. Gonds (entretien des), *v.* Portes.

202. Gouttières, *v.* Tuyaux.

203. Granges (aires des), *v.* Aires.

204. Grêle, *v.* Vitres.

205. Greniers (aires, carreaux, poulies des), *v.* Aires, carreaux, puits.

206. Grille d'un évier, *v.* Pierre à laver.

207. Grille de balcon, *v.* Balcons.

208. Grille de réchaud, *v.* Fourneaux.

209. Grille d'un tuyau de descente, *v.* Tuyaux.

210. Hannetons (destruction des), *v.* Prairies.

211. Haies sèches et vives.

Si tout ou partie des terres données à ferme est enclos de haies vives ou sèches, le fermier doit les entretenir et les rendre en bon état à la fin du bail.

L'entretien des haies vives consiste à les tailler, élaguer et écheniller au moins une fois par année. Les branches d'élagage appartiennent au fermier. Les haies doivent être tenues à une hauteur qui ne peut être inférieure à un mètre ni dépasser un mètre trente-trois centimètres.

212. Herbages, *v.* Prairies.

213. Jardins.

Le locataire est obligé d'entretenir en bon état les allées sablées, les parterres, les plates-bandes, les bordures et les gazons.

Les arbres fruitiers nains, ceux de même nature en espalier et en contre-espalier, et les arbrisseaux doivent être bêchés au pied à chaque labour de la pièce sur laquelle ils sont plantés, et être rendus, à la fin du bail, en même nombre et en même espèce qu'au commencement du bail. S'il en meurt, le locataire doit les remplacer, en conservant à son profit, pour compensation de la dépense de remplacement, les corps de ces arbres morts. (RUELLE, 375.) Les arbres fruitiers en plein vent et ceux non fruitiers à haute tige, morts pendant le bail, sont remplacés par le propriétaire, auquel les troncs et les branches appartiennent.

Le locataire peut arracher et emporter, à la fin du bail, tous les arbres qu'il a plantés dans le jardin au delà du nombre par lui reçu, et enlever les plantes, les légumes, comme aussi les arbres et les arbrisseaux par lui mis en pépinière. (LÉOPOLD.) Le propriétaire a cependant la faculté de conserver *les arbres* plantés dans le jardin à perpétuelle demeure par le locataire, en lui en payant la valeur. (TOULLIER; RUELLE.)

Si rien ne constate l'état des jardins, leurs compartiments, la quantité d'arbres et d'arbustes qu'ils contiennent, les parties en friche ou en rapport, l'usage peut y suppléer. Cependant, s'il existait encore des traces de quelques compartiments, tels que parterre, carrés, plates-bandes avec bordures en buis ou en gazon, et allées sablées, le locataire devrait rendre ces compartiments en bon état. (RUELLE, 416; POTHIER, 220.)

Le locataire doit tailler soigneusement les quenouilles, les espaliers, tous les arbres fruitiers susceptibles d'être taillés; il ne lui est pas permis de les laisser croître à volonté.

On ne regarde pas comme réparation locative l'entretien des treillages placés le long des murs ou dans les autres parties des jardins, comme palissades, berceaux, portiques; le locataire n'en est tenu que lorsqu'il est prouvé que ces objets ont été détériorés par son fait. (RUELLE, 417.)

L'entretien des bassins, des jets d'eau, de leurs conduits, n'est point à la charge du locataire, à moins qu'il n'y ait faute de sa part; par exemple, lorsqu'il a négligé de vider les bassins et conduits pendant l'hiver, et que la gelée les a fait crever, il est responsable de cet accident. Toutefois, si les eaux arrivent par des canaux publics, il ne lui est plus possible de vider les bassins et les conduits quand il lui convient, et les accidents de la gelée ne lui sont pas imputables. (RUELLE, 418; DESGODETS.)

Les figures, les statues, les vases les caisses et pots à fleurs; les bancs en faïence, fonte, fer, bois, marbre, pierre ou terre cuite, servant à l'ornement des jardins et appartenant au propriétaire, doivent être réparés par le locataire, si leur dégradation provient de son fait et non point de vétusté ou des intempéries de l'air. (GOUPY; RUELLE, 419; MERLIN; POTHIER, 220; VAUDORÉ, 511.)

214. Jets d'eau, *v.* Jardins.

215. Laboratoires (pavés des), *v.* Pavés.

216. Lambris, *v.* Portes.

217. Lanternes des escaliers, *v.* Escaliers.

218. Latrines (curage des), *v.* Puits.

219. Lavage des vitres et glaces, *v.* Glaces et vitres.

220. Lavoirs, *v.* Fourneaux.

221. Légumes, *v.* Jardins.

222. Mains de fer, *v.* Puits.

223. Mangeoires, rateliers des étables, des écuries et des bergeries.

Dans les bergeries, les écuries et les étables, les trous faits à la maçonnerie des mangeoires doivent être rebouchés aux dépens du locataire. Lorsque le devant des mangeoires se trouve rongé, c'est encore le locataire qui est tenu d'en faire la réparation.

Les rateliers, leurs roulons, les piliers, les barres et stalles servant à la séparation des chevaux, sont entretenus par le locataire. (RUELLE, 413; POTHIER, 220; DESGODETS; VAUDORÉ, 502.)

224. Manivelles des puits, *v.* Puits.

225. Marches des escaliers, *v.* Escaliers.

226. Mares, fossés, rigoles, cours d'eau, étangs.

Les mares qui sont dans les fermes ou aux environs, et qui servent aux chevaux, bestiaux et volailles, doivent être curées par le fermier, pour que l'eau en soit maintenue claire autant que possible.

Les fossés, rigoles et sangsues servant à l'écoulement des eaux doivent être aussi curés par le fermier toutes les fois qu'il est nécessaire; les ponts et ponceaux qui servent à les traverser, maintenus par lui en bon état de réparations. (DESGODETS; POTHIER, 223; VAUDORÉ, 553.) Le fermier n'est pas tenu de l'entretien de ces ponts et ponceaux dans la traversée des chemins, rues, sentiers publics. (VAUDORÉ, 550, 607; FLAUST; RUELLE, 550; *Argument de l'art.* 147 *de la loi du* 3 *frimaire an* VII.)

Le preneur n'est point tenu au curage des cours d'eau et rivières, ni à l'entretien des digues et déversoirs; ce sont là des charges foncières qui restent au compte du propriétaire. La loi du 14 floréal an XI a tracé des règles à cet égard, dont l'application, pour le département de Seine-et-Marne, a été déterminée par arrêté du préfet du 2 décembre 1852.

227. Menuiserie, *v.* Portes.

228. Mulots (destruction des), *v.* Prairies.

229. Murs (recrépiment des), *v.* Crépi.

230. Offices, *v.* Pavés.

231. Ornements, *v.* Dessus de portes.

232. Paillasses de cuisines, *v.* Fourneaux.

233. Palissades, *v.* Jardins.

234. Panneaux, *v.* Parquets; vitres.

235. Parquets.

La réparation des parquets n'est pas à la charge du locataire s'ils ne sont point dégradés par sa faute. (*Pandectes*; VAUDORÉ, 488.)

Lorsque quelques panneaux ou battants sont cassés ou enfoncés par violence, le locataire en est tenu; mais il ne répond pas des parquets détériorés dans de grandes parties, à moins qu'il n'ait causé lui-même le dommage. (LEPAGE; RUELLE; *v.* Glaces.)

236. Parterres, *v.* Jardins.

237. Pavés des chambres, appartements, escaliers, *v.* Carreaux, escaliers.

238. Pavés des cours, remises, écuries, bergeries, étables, cuisines, buanderies, offices.

Les pavés des grandes cours et des remises ne sont réparés par le locataire que lorsqu'il s'y trouve seulement quelques pavés hors de place; ceux qui sont écrasés, cassés ou ébranlés doivent être à la charge du propriétaire. Il en est de même du pavé des écuries, car les chevaux les cassent en les battant continuellement avec les pieds. (RUELLE, 406; *Nouv.* DESGODETS; POTHIER, 220; VAUDORÉ, 490.)

L'entretien du pavé des étables et bergeries est à la charge du locataire, les vaches et les moutons ne pouvant les casser avec leurs pieds.

Dans les petites cours où il n'entre pas de voitures, et dans les cuisines, buanderies et autres lieux dans lesquels il n'est pas reçu de grosses charges, le locataire est tenu de réparer les pavés qui sont cassés et de remplacer ceux qui manquent, à moins que ces défauts ne viennent évidemment de vétusté, ce qui se présume quand une grande partie des pavés se trouve en mauvais état. (*Argument de l'art.* 1574 *du code Napoléon.*) L'entretien des pavés qui ne sont qu'ébranlés n'est pas à la charge du locataire dans ces cours. (*Nouv.* DESGODETS; GOUPY; VAUDORÉ, 491.)

Il en est de même dans les cuisines, les offices et les laboratoires destinés à recevoir des eaux qui détériorent le ciment des pavés; le locataire, par de continuels lavages, ne fait qu'un usage ordinaire de ces mêmes lieux; il n'y a rien de forcé dans sa jouissance; il n'est donc pas tenu de rétablir les pavés qui se trouvent ébranlés. (RUELLE, 405; *Nouv.* DESGODETS; VAUDORÉ, 492.)

239. Peinture, *v.* Portes.

240. Pentures, *v.* Portes.

241. Persiennes, *v.* Portes.

242. Pépinière (arbres plantés en), *v.* Jardins.

243. Pierres à laver.

Le locataire répond des pierres à laver lorsqu'elles sont écornées ou cassées par son fait. Il doit les réparer et même en fournir de neuves si le dommage ne permet plus aux pierres de conserver l'eau et en empêche l'usage entier. Si dans la pierre il se trouvait quelque défaut qui eût causé la détérioration, la réparation serait à la charge du propriétaire.

Quand il y a une grille sur l'orifice d'un tuyau propre à recevoir les eaux du lavoir, elle sert à prévenir les engorgements; le locataire doit réparer la grille, si elle est enfoncée ou rompue. (RUELLE, 414; VAUDORÉ, 506.)

244. Piston de la pompe (entretien du), *v.* Puits.

245. Placards, *v.* Portes.

246. Planches, *v.* Portes.

247. Plaques des cheminées, *v.* Atre.

248. Plates-bandes, *v.* Jardins.

249. Plombs des châssis des vitres, *v.* Vitres.

250. Pompe, *v.* Puits.

251. Ponceaux; ponts, *v.* Mares.

252. Portes, croisées, fenêtres, fermeture, serrurerie, etc.

Sont à la charge du locataire les réparations à faire aux portes, croisées, fenêtres, aux planches de cloison ou de fermeture de boutique, aux gonds, pentures, verroux, targettes et serrures, aux persiennes, contrevents et leurs volets, ainsi qu'à toute autre sorte de fermeture. Les chambranles des portes, les embrasures des croisées et des portes, les boiseries, trumeaux, lambris d'appui, ceux à hauteur de plancher, toute espèce de cloisons et généralement toutes les menuiseries d'une maison doivent être réparés par le locataire. (*Code Napoléon, art.* 1754; RUELLE, 407; *Nouv.* DESGODETS; POTHIER, 220; VAUDORÉ, 496.)

Le locataire doit rendre les serrures bien fermantes et des verroux partout où il y a vestige qu'il y en ait eu; il doit aussi laisser des serrures aux lieux où il paraît en avoir existé. (BOURJON, *Argument des articles* 1731 *et* 1732 *du code Napoléon.*)

Toute la serrurerie des portes, des fenêtres, des armoires, des placards, est mise, par le code Napoléon et par l'usage, au nombre des objets dont les réparations sont locatives; ainsi elle est présumée, sauve preuve contraire, avoir été livrée en bon état. Si donc quelques fers sont descellés ou cassés, si les serrures sont forcées, si les clefs se trouvent cassées ou brisées, le locataire en est responsable. (*Nouv.* DESGODETS; VAUDORÉ, 500.)

Si un locataire fait percer dans une porte, dans une cloison, dans une planche, un trou de chatière ou toute autre ouverture, il est tenu de remettre la planche entière où l'ouverture a été pratiquée; il ne suffirait pas de remettre un morceau pour boucher l'entaille. Il en est de même si l'on fait poser une serrure à une porte, dans une autre place que celle où elle était; le locataire, n'eût-il fait que le trou nécessaire pour le passage d'une clef, le propriétaire peut exiger qu'il remplace par une planche neuve celle où s'est opéré ce changement, et qu'elle soit peinte de la même couleur que le reste de la porte. (*Nouv.* DESGODETS, *par* Lepage; VAUDORÉ, 497.)

253. Pots à fleurs, *v.* Jardins.

254. Poulies des greniers et des puits, *v.* Puits.

255. Prairies, herbages et prés.

Les prairies, prés et herbages doivent être purgés des taupes qui les labourent, des épines et des ronces qui les couvrent, pour que leur sol soit maintenu uni et que l'herbe en soit coupée et fauchée facilement et à faux courante. Le fermier est tenu de ces soins locatifs, qui résultent de l'obligation à lui imposée par l'usage et par les articles 1728 et 1766 du Code Napoléon, d'user de la chose louée en bon père de famille et suivant la destination qui lui a été donnée par le bail, ou suivant celle présumée d'après la nature du terrain, à défaut de convention.

Ces soins doivent s'étendre non-seulement aux prairies, mais encore aux jardins et à toutes les autres terres de la ferme.

La destruction des taupes et aussi des hannetons, des chenilles, des mulots, des fourmis et des autres insectes comme animaux malfaisants, est d'utilité publique et peut être ordonnée par les préfets, aux termes de la loi du 28 septembre et 8 octobre 1791. Ce sont les fermiers, détenteurs et jouissant de la terre, qui en sont tenus. (Denisart; Vaudoré, 219.)

256. Prés, *v.* Prairies.

257. Pressoirs.

On regarde comme étant à la charge du propriétaire les réparations et constructions nouvelles des bassins, mets, planchers, jumelles, buées, arbres, vis et écrous, et généralement de toutes les pièces mises à demeure;

Et comme étant à la charge du locataire, les réparations et l'entretien des jales, tinettes, couperets, sebilles et autres légers ustensiles non fixés à demeure, plus l'empâtement de la partie appelée mets, sur laquelle est déposé le marc de raisin.

258. Puits; fosses d'aisances.

Le curage des puits était regardé autrefois comme une réparation locative dans certains pays, tandis que dans d'autres le propriétaire en était seul chargé.

Le code Napoléon, par l'art. 1756, assimile le curage des puits à celui des fosses d'aisances, et décide que ces deux sortes de réparations sont à la charge du propriétaire.

Le locataire doit s'abstenir de jeter des eaux de vaisselle

ou de savon dans les latrines, pour éviter le gaz méphitique qu'elles occasionnent. (Ruelle, 225.)

Les poulies, les mains de fer, les chapes de poulies, des puits et des greniers, sont des meubles dont le locataire répond; il est obligé de pourvoir à leur entretien.

L'entretien des cordes et chaînes des puits et des greniers et des seaux des puits, ainsi que des manivelles de ces puits, est aussi au compte du locataire.

Est aussi à sa charge l'entretien du piston, de la tringle et du balancier des pompes. (*Pandectes françaises*; *Nouv*. Des-godets; Vaudoré, 503.)

259. Quenouilles, *v*. Jardins.

260. Ramonage des cheminées.

Le ramonage des cheminées est une réparation locative. Il est plus ou moins fréquent selon qu'il est fait plus ou moins de feu. Les cheminées où se trouve un grand feu continuel doivent être nettoyées une fois par mois, ou au plus tard une fois toutes les six semaines. Il faut, dans chaque localité, se conformer, par le locataire, aux règlements de police sur ce point.

Si le feu a pris dans une cheminée et en a fait crever le tuyau, le locataire est tenu de le rétablir, s'il ne se trouve dans ce tuyau aucune pièce de bois qui a pu être la cause de l'accident. (*Nouv*. Desgodets; Vaudoré, 503.) Le locataire ne peut alléguer un autre fait de mauvaise construction de tuyau, lorsque ce fait n'a pas donné lieu à l'incendie.

261. Rampes d'escaliers, *v*. Escaliers.

262. Rateliers des écuries, étables, bergeries, *v*. Mangeoires.

263. Réchauds, *v*. Fourneaux.

264. Recrépiment des murs, *v*. Crépi.

265. Remises (pavés des). *v*. Pavés.

266. Rideaux (tringles des), *v*. Tringles.

267. Rigoles (entretien des), *v*. Mares.

268. Ronces (enlèvement des), *v*. Prairies.

269. Sangsues (entretien des), *v*. Mares.

270. Seaux (entretien des), *v*. Puits.

271. Serrureries; serrures, *v*. Portes.

272. Sculptures. *v.* Dessus de portes.

273. Statues, *v.* Jardins.

274. Tableaux (réparation des), *v.* Dessus de portes.

275. Tables et buffets couverts en marbre.

Le marbre des tables et buffets, les coquilles et cuvettes de même matière, sont à la charge du locataire, si ces objets ont été cassés ou écornés par lui. (*Nouv.* Desgodets; Ruelle, 409.) Ainsi que pour les chambranles des cheminées, le locataire est tenu, non point de les raccommoder, mais d'en fournir d'autres entiers. (Guyot; Vaudoré, 484.)

276. Tablettes des cheminées, *v.* Atres.

277. Taille des arbres fruitiers, *v.* Jardins.

278. Targettes (entretien des), *v.* Portes.

279. Taupes (destruction des), *v.* Prairies.

280. Toits et couvertures.

Les réparations des toits et des couvertures des bâtiments de la ferme, soit en paille, soit en tuiles, sont à la charge du propriétaire; le fermier n'y contribue point à moins de convention contraire. (Vaudoré, 501.)

281. Treillages, *v.* Jardins.

282. Treillis de fil de fer ou de laiton, *v.* Balcon.

283. Tringles des rideaux.

Le locataire doit remplacer les tringles de fer destinées à soutenir les rideaux, avec leurs poulies et doubles poulies pour le jeu des cordons, les croissants ou autres objets servant à tenir les rideaux ouverts, lorsqu'ils manquent ou sont cassés. (*Nouv.* Desgodets; Ruelle, 411; Vaudoré, 499.)

284. Tringles des pompes, *v.* Puits.

285. Trumeaux, *v.* Glaces; portes.

286. Tuyaux de descente; gouttières.

L'entretien des gouttières et des tuyaux de descente pour les eaux est à la charge du propriétaire. C'est une suite de son obligation d'entretenir seul les toits et les couvertures des bâtiments.

Les engorgements des tuyaux sont aussi des accidents auxquels doit seul remédier le propriétaire. Si les tuyaux sont pourvus d'une grille, le locataire est tenu de la réparer lors-

4

qu'elle est rompue ou enfoncée. (*Nouv.* DESGODETS; VAU-DORÉ, 510.)

287. Tuyaux de cheminée, *v.* Ramonage.

288. Vases de jardin, *v.* Jardins.

289. Verges de fers des vitrages, *v.* Vitres.

290. Verrous, *v.* Portes.

291. Vignes.

Le fermier est tenu d'entretenir les échalas ou charnier, de remplacer ceux qui manquent ou pourrissent, et d'en rendre, à la fin du bail, un nombre égal à celui qu'il a reçu et d'une même nature de bois. (VAUDORÉ, 539.)

Le nombre moyen d'échalas qui doit garnir un hectare de vigne est, pour le canton de Crécy, de 28,000.

292. Vitres des portes, croisées, châssis, etc.

Le locataire est tenu des réparations aux vitres, à moins qu'elles ne soient cassées par la grêle ou autres accidents extraordinaires et de force majeure dont il ne peut être tenu. (*Code Napoléon, art.* 1754.)

Lorsqu'elles ont été cassées en partie ou même seulement fêlées, il doit les faire replacer et les rendre en leur entier, car il est de présomption (*sauf preuve contraire, code Napoléon, art.* 1731) qu'il les a reçues sans cassure ni fêlure et tenant bien dans leur châssis.

Il doit les rendre lavées, parce qu'il est de même présomption qu'il les a reçues nettes.

Il ne doit pas répondre des fêlures et dérangements des vitres occasionnés par le tassement ou le gonflement des bois. (RUELLE, 421, 509.)

Quand les vitres tiennent à des panneaux de plomb, la réparation des plombs est à la charge du propriétaire, parce qu'ils sont présumés avoir été détériorés par vétusté; s'il était évident que les plombs ont été détériorés par le locataire, ce dernier en serait responsable.

Le locataire est tenu de remplacer les verges de fer qui soutiennent les panneaux de plomb, dans lesquelles sont enchâssées les vitres, si elles manquent ou si elles sont cassées, à moins qu'il ne soit prouvé qu'elles ont été détruites par le vice de la matière, comme une paille ou tout autre défaut de fer. (*Nouv.* DESGODETS; VAUDORÉ, 493, 494.)

293. Aucune des réparations réputées locatives (qui vien-

nent d'être décrites) n'est à la charge des locataires, quand elles ne sont occasionnées que par vétusté ou par force majeure. (*Art.* 1755 *du code Napoléon.*)

294. La dégradation qui arrive par vol, comme lorsqu'il se trouve des plombs, des fers, des pierres emportés, doit être réparée par le locataire. Sa négligence peut avoir occasionné le vol. S'il prouve cependant que les soins raisonnables pour la sûreté des objets compris au bail étaient insuffisants pour l'empêcher, par exemple, quand il est fait à main armée par une bande de brigands, la présomption ne pèse plus sur le locataire, et la perte doit être supportée par le propriétaire. Il en serait de même si les objets volés étaient placés en dehors d'un bâtiment sur la rue. (Ruelle, 420; Vaudoré, 514.)

295. Le propriétaire a le droit d'exiger les réparations locatives, même pendant le cours du bail, si la négligence du fermier à les faire l'expose à des pertes ou lui devient nuisible; mais en règle générale, ce n'est qu'à l'expiration du bail et quand le fermier sort, que l'action s'ouvre en faveur du propriétaire contre le locataire, pour le contraindre à ces réparations. (Denisart.)

296. L'action pour contraindre un fermier à faire les réparations dont il a été chargé par son bail ne dure qu'un an après sa sortie de la ferme. En effet, lorsque le propriétaire ou le nouveau fermier a joui pendant une année depuis le premier preneur, il est réputé avoir causé les dégradations locatives ou avoir trouvé les lieux en bon état. (Duparc-Poullain, *vol.* 6, *p.* 338; Denisart; Vaudoré, *tom.* 2, *p.* 40.)

297. En général, le preneur n'est pas recevable à demander, à la fin du bail, au bailleur le remboursement des réparations qu'il a faites sans l'en avertir. Néanmoins, si elles étaient urgentes et qu'il n'eût pu l'instruire de l'urgence, il pourrait en exiger le coût, si ces réparations sont charges du propriétaire. (Pothier, 130.)

298. A l'égard des impenses utiles que le fermier a faites sur les fonds affermés, comme façons de rateliers d'écurie, de hangars, etc., il n'a pas le droit de forcer le propriétaire de lui en payer la valeur. Il lui est seulement permis d'enlever, à la fin de son bail, tout ce qu'il a placé ou fait construire sur la terre en rétablissant les lieux dans l'état où ils étaient

lors de son entrée en jouissance. (POTHIER, 131 ; TOULLIER, *vol. 3, n° 130*; DOMAT.)

Le fermier peut même enlever les ouvrages de menuiserie et autres, scellés dans les murs des bâtiments de la ferme avec du plâtre ou des pattes en fer, par lui construits pendant le bail, à la charge de réparer les dégradations. (DESGODETS; LÉOPOLD.)

Ces choses, quoique attachées à un fonds, ne cessent point, à l'égard du fermier qui les y a jointes, d'être mobilières, quoique regardées comme immobilières au respect du propriétaire. (LECOQ, des *Différentes espèces de biens*; VAUDORÉ, 19.)

299. L'article 555 du code Napoléon, qui donne au propriétaire, sur le terrain duquel un tiers a élevé des constructions, le droit de les faire enlever ou de les conserver, à la charge, dans ce dernier cas, de rembourser au constructeur la valeur des matériaux et le prix de la main-d'œuvre, est applicable au locataire qui a fait des constructions sur le terrain à lui loué, sans y être autorisé ou obligé par son bail. Le locataire doit être considéré comme un tiers relativement à ces constructions, et le propriétaire ne peut les conserver sans indemnité comme dans le cas d'usufruit. L'article 599, qui règle spécialement les droits de l'usufruitier et du propriétaire à l'extinction de l'usufruit, est sans application au cas de bail ordinaire. (*Cassation, chambre des requêtes,* 1er juillet 1851.)

CHAPITRE XII ET DERNIER.

Visite de la ferme par le propriétaire.

300. Le fermier est obligé de laisser visiter, dans le cours du bail, les bâtiments et les fonds affermés, pour voir si l'entretien, les réparations, la culture et l'exploitation se font régulièrement. Il est astreint particulièrement, sur la fin du bail, à laisser le propriétaire voir la ferme et à y recevoir des tiers qui désirent la visiter pour la louer. Le fermier ne peut s'en plaindre ni prendre cette surveillance et ces visites pour trouble. (RUELLE, 248; VAUDORÉ, 167; FOURNEL, *t. 2, p. 11.*)

QUATRIÈME ET DERNIÈRE PARTIE.

Division du fermage entre le vendeur et l'acquéreur.

Rien ne paraît plus facile que la division et le partage du fermage entre le vendeur et l'acquéreur d'une ferme.

Mais, dès le commencement de l'opération, les difficultés de cette division se font sentir. Elles viennent, en premier lieu, des échéances du fermage toujours postérieures à la récolte, et reculées même, pour la majeure partie, à l'année suivante; puis, du peu de clarté du droit nouveau qui a modifié en un point l'ancien usage; et principalement encore du prélèvement en faveur du vendeur du prix des premiers mars avancé au fermier entrant.

Des explications et des exemples peuvent seuls éclairer ces différents points, qui seront divisés en trois chapitres : le premier donnera les règles et les usages communs aux deux espèces de baux à ferme; le second, ceux particuliers aux baux des jachères; et le dernier, les règles et les usages particuliers aux baux des mars.

CHAPITRE Ier.

Règles et usages communs aux baux des jachères et à ceux des mars.

301. Les loyers des maisons et des bâtiments ont été rangés, sous les anciens usages, ainsi que sous le nouveau droit, dans la classe des fruits civils. Ils sont acquis jour par jour à l'acquéreur, quoiqu'ils ne soient pas payables chaque jour et qu'ils ne le soient qu'après l'expiration du terme convenu, parce que le locataire recueille chaque jour une partie de la jouissance de ces bâtiments.

Ainsi, on a toujours divisé le prix entier de l'année courante du loyer des maisons et des bâtiments par les 365 jours de l'année, et le montant de ce loyer étant, par exemple, de 365 francs, c'est un franc qui s'acquiert chaque jour, sans considérer le terme accordé au locataire, soit qu'il paie par avance ou après l'expiration de l'année. Dans cette proportion, le vendeur perçoit dans le loyer de l'année courante le nombre des jours courus depuis le commencement de cette année jusqu'à l'entrée en jouissance de l'acquéreur, et l'acquéreur reçoit le nombre des jours compris entre son entrée en jouissance et la fin de l'année. (*Code Napoléon*, articles 584, 586. TOULIER, *de l'usufruit*, n° 400.)

302. Il n'en était pas de même sous l'usage ancien pour le fermage des biens ruraux.

Le fermier n'était pas considéré, ainsi que le locataire d'une maison, comme réalisant chaque jour une partie des produits de sa ferme ; la récolte des hauts grains et celle des mars étaient regardées comme constituant principalement ces produits, et le temps des labours, des semences et des autres travaux seulement comme un temps de peine et de dépense, sans produit.

On en tirait la conséquence que le prix du fermage, qui représentait le produit, ne pouvait, quoique considéré comme fruit civil, être touché, dans l'année courante, par l'acquéreur que pour la récolte faite depuis son entrée en jouissance. Et, si cette jouissance ne tombait qu'après l'entière récolte de toutes les productions de la terre, au premier janvier, par exemple, le fermage de cette année appartenait en entier au vendeur, précédent propriétaire, sans partage avec l'acquéreur, qui n'y avait aucun droit.

C'était aussi, suivant Potier, la règle observée à l'égard de la communauté considérée comme usufruitière, dans le partage, après sa dissolution, des fermages des biens ruraux propres à l'un des époux. Si la dissolution arrivait avant la récolte, fût-ce la veille même, la communauté n'avait rien dans le prix du fermage qui la représentait ; ce prix appartenait en entier à l'époux, propriétaire de la ferme, ou à ses héritiers. Si la dissolution de la communauté n'avait lieu, au contraire, qu'après la récolte faite, le fermage dû pour cette récolte appartenait en entier à la communauté. Si elle était arrivée pendant la récolte, la communauté avait part au fermage dans la proportion des fruits déjà cueillis. (*Traité de la communauté*, n° 219.)

303. Le droit nouveau a modifié ces usages.

Il a classé au rang des meubles les obligations et actions qui ont pour objet des sommes exigibles ou des effets mobiliers (*code Napoléon*, art. 529), conséquemment les prix des fermages des biens ruraux qui sont de cette nature. Il a déclaré ces prix fruits civils (*art.* 584), comme ils l'étaient sous l'ancien droit, et il a dit encore que les fruits civils étaient réputés s'acquérir jour par jour; et que cette règle s'appliquait aux prix des baux à ferme, comme aux loyers des maisons et autres fruits civils (*art.* 586).

Il est vrai que les art. 584 et 586 sont placés au titre de l'usufruit; mais leurs dispositions sont générales, claires et absolues; elles s'appliquent à tous les fruits civils soumis à une division et à un partage entre toutes personnes. Il y a de plus identité entre l'usufruitier et l'acquéreur qui prennent la jouissance du prix d'un fermage; leur position et leurs droits sont les mêmes relativement à l'année courante. Du jour où le propriétaire d'une ferme a converti son droit de cultiver sa terre par lui-même en un prix de fermage, il a fait subir à ce fermage le sort des loyers des maisons et des autres fruits civils; et il est de jurisprudence que les dispositions des art. 584 et 586 s'appliquent à l'acquéreur d'une ferme, comme à l'usufruitier, pour le mode de répartition jour par jour entre lui et son vendeur du prix du fermage de l'année courante, à compter de son entrée en jouissance.

304. On ne peut donc plus, comme sous l'ancien usage, considérer la récolte des hauts grains et celle des mars comme représentant et déterminant *seules* le prix du fermage de l'année courante à diviser entre le vendeur et l'acquéreur. Cette appréciation, dont l'exactitude pouvait être contestée, bonne peut-être pour les temps où elle a été pratiquée, serait certainement aujourd'hui d'une application défectueuse. Le perfectionnement de l'industrie et de la culture et les divers et nouveaux produits qui en sont la suite, en ont changé la base.

Les récoltes du blé, de l'avoine et des foins, qui ont lieu en des temps fixés par les saisons, ne sont point le seul revenu d'une ferme. Le fermier a encore la jouissance des bâtiments, le produit de la basse-cour et de la laiterie, jour par jour et durant l'année entière; et aussi, pendant presque toute l'année, l'usage du pâturage. A différentes époques, il a le produit du jardin et du colombier, le croît des vaches, des moutons et de la porcherie, le prix des laines, la récolte des colzas, des betteraves, des pommes de terre, des menues graines, etc. Ces produits successifs forment, par leur réunion, une valeur importante, plus élevée peut-être que celle des blés, des avoines et des foins. N'est-il pas juste que le fermage soit aussi considéré comme en formant le prix ? Et, comme il ne s'écoule dans l'année aucun jour où, par la succession de sa jouissance et des récoltes, le fermier ne retire un produit de la ferme, on doit naturellement appliquer à chaque jour, pour une trois cent soixante-cinquième partie, le fermage qui forme le prix et la valeur représentative de tous ces produits.

Il n'est pas vrai cependant que les produits réalisés chaque jour dans l'exploitation d'une ferme soient égaux entre eux, et forment exactement la trois cent soixante-cinquième partie de tous ceux de l'année. Car comment établir certainement le montant de ces produits quotidiens, avec la difficulté et peut-être l'impossibilité d'apprécier la proportion dans laquelle doit y entrer chaque nature de récoltes et de bénéfices, et la jouissance des bâtiments qu'il faudrait aussi calculer ? « De toutes les industries (dit VIDALIN, *Agriculture en Italie*) l'agriculture est la moins riche en données économiques, en résultats certains, en chiffres, parce qu'il n'en est pas où une telle appréciation soit plus difficile. » Mais, comme ces produits sont successifs et permanents, le droit nouveau a sagement fait de déterminer que *le prix de l'année courante* du fermage à diviser entre le vendeur et l'acquéreur et qui est fruit civil, serait, comme le prix du loyer d'une maison, réputé acquis à l'acquéreur, jour par jour, c'est-à-dire pour portion égale par chaque jour, à partir de sa jouissance, sans avoir égard à la valeur et à la nature des récoltes et des produits qui seraient faits ou resteraient à faire à l'époque de cette entrée en jouissance.

Par ce moyen, une source féconde de contestations est tarie, et sont prévenues les difficultés que faisaient naître les anciens usages, lorsque diverses natures de fruits, se percevant en différents temps, ou lorsqu'une partie seulement des fruits étant recueillie, il fallait déterminer par une ventilation les portions du prix du bail à répartir entre les parties intéressées. (*Discours au Corps législatif, par* GARRY, orateur du Tribunat.)

305. L'année courante est à l'égard du vendeur et de l'acquéreur celle pendant laquelle est fixé le jour de l'entrée en jouissance de l'acquéreur.

Le prix du fermage de cette année à diviser entre eux se compose du fermage en numéraire et des redevances ou denrées estimées suivant les mercuriales, le tout totalisé.

On ne doit pas y comprendre le pot-de-vin ni les travaux qui auraient été acquittés par le fermier dès le commencement du bail, l'acquéreur n'ayant droit que dans ce qui constitue le fermage et les redevances de cette année courante, et non dans le fermage des années antérieures, surtout si son acquisition le charge de prendre les choses dans l'état où elles se trouvent. (*Nouveau* DÉNISART, VAUDORÉ, *Droit rural français*, n° 125.)

Ces observations générales permettent de passer à chaque mode particulier de la division du fermage dans les deux espèces de baux à ferme.

CHAPITRE II.

Mode de division du fermage particulier aux baux à ferme commençant par les jachères.

306. L'année complète d'un bail pris à la jachère est fixée par l'usage du onze novembre d'une année à pareille époque de l'année suivante, sans avoir égard aux termes de paiement accordés au fermier.

307. Dans le prix du fermage de l'année courante d'un bail de cette nature, totalisé comme il est dit au n° 305, le vendeur retient ce fermage dans la proportion du nombre de jours courus depuis le commencement de cette année, c'est-à-dire depuis le onze novembre qui précède la vente, jusqu'à la jouissance de l'acquéreur ; et l'acquéreur perçoit ce fermage pour le nombre de jours compris entre son entrée en jouissance et le onze novembre suivant.

Cette répartition demande, à raison des échéances du fermage, quelques explications que contient l'exemple suivant :

« Soit l'année courante du fermage totalisée à 6,000 fr.

« Et la jouissance de l'acquéreur fixée au 1er janvier 1854. »

En cet état, l'année de fermage écoulée du onze novembre 1852 au 11 novembre 1853 n'appartient point, même pour partie, à l'acquéreur ; elle n'est pas, à son égard, l'année courante (305). Elle est en son entier au vendeur, qui a dû en toucher le premier terme échu le 25 décembre, jour de Noël 1853, et qui en recevra le second terme à échoir le jour de Pâques 1854, et le troisième et dernier terme à échoir le 24 juin, jour de Saint-Jean-Baptiste de la même année.

L'échéance de ces deux derniers termes est postérieure au jour de l'entrée en jouissance de l'acquéreur. Ces termes restent néanmoins acquis au vendeur, quoique son droit de propriété à la ferme ait cessé avant leurs échéances. Ils lui appartiennent, comme le premier terme échu avant la mise en jouissance de l'acquéreur, parce qu'ils représentent avec lui la récolte et l'année entière 1853, écoulées pendant la possession de ce vendeur, et parce que les délais accordés pour le paiement du fermage n'en diffèrent que l'exigibilité et n'empêchent pas qu'il représente l'année écoulée et la récolte faite, et que ce fermage soit dû à la personne qui, pendant ce temps, avait la propriété de la ferme.

L'année courante, relativement au vendeur et à l'acquéreur, et dont le fermage doit être divisé entre eux, est celle partant du onze novembre 1853 au onze novembre 1854, année dans laquelle commence, le premier janvier 1854, la jouissance de l'acquéreur (305).

Dans le fermage de 6,000 fr. :

Le vendeur reçoit, pour 50 jours courus du onze novembre 1853 au premier janvier 1854, à raison de 16 fr. 43 c. 83 par chaque jour, faisant la trois cent soixante-cinquième partie de l'année, la somme de huit cent vingt et un francs quatre-vingt-douze centimes, ci. . . . . 821 fr. 92 c.

Et l'acquéreur, celle de 5,178 fr. 08 c. pour 315 jours écoulés du 1er janvier 1854, époque de son entrée en jouissance, jusqu'au onze novembre 1854, expiration de l'année courante, dans la même proportion de 16 fr. 43 c. 83 par chaque jour, ci. 5,178   08

Somme pareille. . . . . 6,000 fr. » c.

Ce fermage est, suivant l'usage, seulement exigible pour le premier tiers le 25 décembre 1854 ; pour le second tiers le jour de Pâques 1855 ; et pour le dernier le 24 juin de la même année. Le vendeur et l'acquéreur doivent en subir les délais. Mais le vendeur a priorité naturelle pour les 821 fr. 92 c. qui lui appartiennent, parce qu'ils représentent les jours de fermage antérieurs à l'entrée en jouissance de l'acquéreur. Il les prend sur les premiers deniers du premier terme échéant le 25 décembre 1854 ; le surplus de ce terme et les deux derniers termes en entier appartiennent à l'acquéreur pour lui payer les 5,178 fr. 8 c. qui lui sont dus.

L'année suivante, partant du 11 novembre 1854 au 11 novembre 1855, est la première dont le fermage commence à appartenir en entier à l'acquéreur, sans partage avec le vendeur.

308. Autre exemple :

« Même fermage de l'année courante, 6,000 fr. 00 c.

« 1er octobre 1855, jour fixé pour l'entrée en jouissance de l'acquéreur. »

L'année courue du 11 novembre 1853 au 11 novembre 1854 appartient en entier au vendeur, qui en perçoit le fermage aux termes du 25 décembre 1854, de Pâques et du 24 juin 1855.

L'année courante, à l'égard du vendeur et de l'acquéreur, part du 11 novembre 1854 au 11 novembre 1855. Son fermage est soldé par les trois termes égaux de chacun deux mille francs, du 25 décembre 1855, de Pâques et du 24 juin 1856.

Dans ce fermage, le vendeur prend 324 jours courus du 11 novembre 1854 au 1er octobre 1855, jour de l'entrée en jouissance de l'acquéreur, et montant, au taux de 16 fr. 43 c. 83 par chaque jour, à la somme de 5,326 fr. 03 c., qu'il reçoit par la perception des deux premiers termes entiers, et pour complément de 1,326 fr. 03 c., sur le troisième terme, ci. .5,326 fr. 03 c.

Et l'acquéreur prend, à partir du 1er octobre 1855, où commence sa jouissance, jusqu'au 11 novembre 1855, fin de l'année courante, 41 jours, faisant, au même taux de 16 fr. 43 c. 83 par chaque jour, la somme de 673 fr. 97 c., dont il est payé par le restant du troisième et dernier terme, ci. 673   97

Somme pareille. . . . . .6,000 fr. » c.

L'année suivante, à courir du 11 novembre 1855 au 11 novembre 1856, appartient en entier à l'acquéreur.

CHAPITRE III ET DERNIER.

Mode de division du fermage particulier aux baux commencés par les mars.

309. Cette division présente des difficultés plus grandes que celles du fermage d'une ferme prise à la jachère.

Il est utile de rappeler que, dans une ferme prise par les mars, le fermier entrant fait, dès la première année de son bail, la récolte des mars, sans en payer, pendant cette année, le prix au propriétaire (34), et qu'il n'acquitte le prix de ces premiers mars qu'à la fin de l'année suivante, dans laquelle il a de plus récolté les seconds mars et les premiers blés d'automne. C'est une avance, une facilité de culture imposée par un usage immémorial au propriétaire de la ferme en faveur du fermier entrant.

Pour employer l'exemple cité au n° 34 : dans un bail commencé le 1ᵉʳ mars 1853, le fermier entrant récolte les premiers mars en la même année ; il récolte, en 1854, les seconds mars et les premiers blés d'automne, et commence seulement à payer la première année de son fermage pour un tiers le 25 décembre 1854, pour le second tiers le jour de Pâques 1855, et pour le dernier tiers le 24 juin de la même année 1855.

Comme il a joui une année, par avance et sans paiement, des premiers mars récoltés en 1853, cette première année du paiement de son fermage n'est pas le prix de *tous* les fruits qu'il a récoltés, mais le prix des premiers mars qu'il a récoltés en 1853, et des hauts grains ou blés d'automne récoltés en 1854.

La seconde année de ce fermage, exigible aux termes du 25 décembre 1855, de Pâques et du 24 juin 1856, est le prix des seconds mars récoltés en 1854 et des blés d'automne de 1855 ; et *successivement* chaque année de fermage est *le prix des avant-derniers mars et des derniers blés d'automne*, les mars de l'année courante étant toujours récoltés par le fermier en avance sur l'année suivante. (*Nouveau* DENISART, v° *fruits.*)

310. Cela conduit à demander quelle est, sur l'année de

fermage, la portion due pour les mars, et quelle est celle due pour les blés d'automne.

L'usage a fixé la valeur des mars à la moitié du prix des blés d'automne, de sorte que ces blés sont évalués aux deux tiers du total du fermage, et les mars au tiers de ce total. (DÉNISART *cité*. VAUDORÉ, *Droit rural*, n° 127.)

Cet usage continue à être observé, dans le canton de Crécy, pour l'évaluation du prix des mars de la première année du bail avancé par le propriétaire au fermier entrant, et le propriétaire qui vend sa ferme a droit au remboursement de cette avance, avant la perception de tout fermage par l'acquéreur.

Cette avance représente, en effet, une récolte faite et étrangère à l'acquéreur, dont le prix est acquis au vendeur avant l'aliénation de la ferme, et dont la valeur était définitivement fixée à cette époque par un usage immémorial qui avait force de loi, et que l'acquéreur doit observer quand il n'en a point été expressément dispensé par une clause spéciale et formelle de son acte d'acquisition.

Et il faut ici remarquer qu'il ne peut y avoir en ce point violation de la règle qui prescrit la division du fermage jour par jour entre le vendeur et l'acquéreur, *car cette division ne peut évidemment être appliquée qu'à un objet commun et indivis.* Le fermage des premiers mars n'est point de cette nature; il n'a qu'un *seul* propriétaire, le vendeur, et son prix est fixé à l'avance par un usage que l'acquéreur doit connaître. Le seul fermage commun et indivis entre le vendeur et l'acquéreur et qu'il leur faut partager est celui d'une année postérieure aux premiers mars, celui de l'année courante, c'est-à-dire de l'année dans laquelle commence la jouissance de l'acquéreur (305).

La fixation du prix des premiers mars ne pourrait d'ailleurs que difficilement prendre pour base une évaluation calculée jour par jour. On sait à quelle époque ont commencé les mars, mais à quel jour fixer la fin de leur jouissance? Sera-ce immédiatement après leur récolte? Il y aurait trois époques qu'il faudrait fractionner, car les avoines, les blés de mars, et les foins qui font partie des mars, sont récoltés à des temps différents. Et cette jouissance s'étend encore au delà, puisque les produits de ces récoltes ont ensuite, jusqu'au battage et à la vente, occupé successivement les greniers et les granges de la ferme.

Et encore, dans cette première année, le fermier entrant a partagé la jouissance de la ferme avec le fermier sortant, qui a récolté ses derniers blés d'automne et a conservé l'usage d'une partie des bâtiments. Comment évaluer ces deux jouissances simultanées de produits divers et d'inégales valeurs, les ventiler et distinguer la part précise que les premiers mars doivent y prendre pour chaque jour de jouissance ? Plusieurs années écoulées depuis cette récolte ajouteraient à l'embarras de ces appréciations.

Ces difficultés et d'autres, qu'il est facile de nommer, seraient grandes ; elles entraîneraient de longues et de dispendieuses contestations, et leur solution exacte et irréprochable serait probablement impossible.

L'usage, qui est le résultat d'une longue expérience et que le temps a consacré, a sagement prévenu ces graves inconvénients en fixant *à forfait* le prix de ces premiers mars au tiers de l'année totale du fermage.

311. Ce même usage fixe aussi, du premier mars d'une année à pareille époque de l'année suivante, l'année entière d'un bail commencé par les mars, sans considérer les termes accordés au fermier pour le paiement du fermage.

Dans ce bail, le paiement du premier terme du fermage de chaque année, fait le 25 décembre, a lieu après la récolte, mais il précède la fin de l'année qui n'échoit que le 1er mars de l'année suivante. Cette remarque a son utilité pour la division entre le vendeur et l'acquéreur du fermage de l'année courante.

312. Un exemple donnera l'application de ces principes à la division de ce fermage :

« Une ferme, louée par les mars moyennant un fermage annuel capitalisé de 3,000 fr., a été vendue, et la jouissance du fermage donnée à l'acquéreur à partir du premier mai 1857. »

Suivant l'usage, le vendeur, ou son auteur, a fait au fermier entrant, dans la première année du bail, l'avance des premiers mars, et cette avance a été continuée d'année en année ; ce qui constitue, dès avant l'époque du 1er mai 1857, jour de l'entrée en jouissance de l'acquéreur, le vendeur créancier de la portion de fermage représentant les *avant-derniers mars*, c'est-à-dire ceux de 1855.

Le vendeur a droit au remboursement du prix de ces mars, car du jour où il n'est plus propriétaire, les charges courantes du bail lui deviennent étrangères, et il ne peut être tenu légalement et sans injustice de continuer au fermier, qui cesse d'être le sien, l'avance des premiers mars ; cette charge est transmise de plein droit à l'acquéreur, devenu propriétaire d'un immeuble, assujetti à cet usage dans sa culture et par la nature de son bail.

C'est dans le fermage de l'année courue du 1er mars 1856 au 1er mars 1857, que se trouve le prix de ces mars, car ce fermage est composé pour un tiers du prix des mars récoltés en 1855, et pour les deux tiers restants du prix des blés d'automne de 1856, suivant l'usage constant, qui ne peut être trop souvent rappelé, que chaque année de fermage est successivement le prix des avant-derniers mars et des derniers blés d'automne. (Dernier paragraphe du n° 309). Les termes de paiement du fermage de cette année 1856-1857 sont le 25 décembre 1856, Pâques et 24 juin 1857. Ces termes sont supposés égaux et de chacun mille francs.

En 1855, au jour de la récolte de ces mars, le vendeur était propriétaire de la ferme ; le droit à la portion de fermage qui représente ces mars, s'il n'y a point formellement et expressément renoncé, ne peut lui être contesté par l'acquéreur : il en est payé par le terme du 25 décembre 1856, s'élevant à mille francs , *tiers* de l'année de fermage, ci . . . . .1,000 fr. » c.

L'année partie du 1er mars 1856 au 1er mars 1857 s'est aussi écoulée entièrement pendant le temps où le vendeur avait encore la propriété de la ferme et la jouissance de tout son revenu. Le fermage de cette année, montant à 3,000 fr., lui appartient donc en entier. Mais il n'en reste que les deux tiers, montant à 2,000 fr. et composés des termes de Pâques et du 24 juin 1857, par suite de la distraction faite à son profit du terme de 1,000 fr. du 25 décembre 1856, pour paiement des mars de 1855. Le vendeur reçoit d'abord ces deux termes, ensemble de 2,000 fr., qui représen-

À reporter. . . .1,000 fr. » c.

Report.... 4,000 fr. ‚‚ c.

tent les blés d'automne de 1856, ci. 2,000

Et, pour le prix des mars de 1856, faisant le tiers et le complément de l'année de fermage 1856-1857, il reçoit le terme du 25 décembre 1857, montant à 1000 fr., qui représente ces mars de 1856, quoiqu'il soit le premier terme du fermage de l'année courue du 1er mars 1857 au 1er mars 1858, ci. 1,000

} 3,000 ‚‚

Total revenant au vendeur, avant la division entre lui et l'acquéreur du fermage de l'année courante, quatre mille francs, ci. . . .4,000 fr. ‚‚ c.

Cette année courante, par suite de la fixation au 1er mai 1857 de la jouissance de l'acquéreur, commence au 1er mars 1857 et finit au 1er mars 1858. (305).

Ici seulement doit être appliquée la division du fermage jour par jour entre le vendeur et l'acquéreur. (303, 304).

Cette division donne au vendeur, dans l'année du fermage de 3000 fr., une somme de 501 fr. 37 c., pour deux mois, mars et avril, composés de 61 jours, qui lui sont acquis depuis le 1er mars 1857, commencement de l'année courante, jusqu'au 1er mai de la même année, époque de la jouissance de l'acquéreur, au taux de 8 fr. 21 c. 92 par chaque jour, ci. . . . . 501 fr. 37 c.

Et à l'acquéreur, dans la même année de fermage, la somme de 2,498 fr. 63 c., pour dix mois, formant les 304 jours restants de l'année courante, à partir du 1er mai 1857 où commence sa jouissance, jusqu'au 1er mars 1858, fin de l'année, au même taux de 8 fr. 21 c. 92 par chaque jour, ci. 2,498   63

Somme égale au fermage de l'année courante, trois mille francs, ci. . . . . .3,000 fr. ‚‚ c.

Le fermage de cette année est composé des trois termes, de chacun mille francs, du 25 décembre 1857, de Pâques et du 24 juin 1858.

Comme le premier terme du 25 décembre 1857, représentant les mars de 1856, a été donné au vendeur en paiement de ces mars, il ne reste sur ce fermage que le terme de Pâques et celui du 24 juin 1858, en formant les deux tiers et s'élevant à deux mille francs, ci . . . 2,000 fr. 00 c.

Et comme aussi le terme de mille francs à échoir le 25 décembre 1858, faisant le premier terme et le tiers de l'année qui commence le 1er mars 1858 et finit le 1er mars 1859, est le prix des mars récoltés en ladite année courante 1857-1858, il vient ici compléter le fermage de cette dernière année, ci . . . 1,000   »

Et le porter à son taux entier de trois mille francs, ci. . . . . .3,000 fr. » c.

C'est sur ces 3,000 fr., véritable fermage de l'année courante, que le vendeur, sur le terme de Pâques 1858, montant à. . . . . 1000 »
reçoit les 501 fr. 37 c. qui lui sont dus, ci . . . . 501 37   501 f. 37 c.

Ce qui réduit ce terme à. 498 63

Et que l'acquéreur, pour être payé des 2,498 f. 63 c. qui lui reviennent, reçoit le restant de ce terme. . . . 498 63

Et les termes entiers des 24 juin et 25 décembre 1858, ensemble de 2,000 fr., ci. . . . . .2,000 »   } 2,498 63

Réunion pareille. . . . . .3,000 f. » c.

Ces prélèvements successifs de mille francs sur le fermage de 1857-1858 pour compléter le fermage de l'année précédente 1856-1857, et de pareille somme sur le fermage de l'année 1858-1859 pour parfaire le fermage de l'année 1857-1858 qui la précède, sont le résultat naturel et inévitable du premier prélèvement de mille francs fait sur le fermage de l'année 1856-1857 pour le remboursement au vendeur du prix des mars récoltés par le fermier en avance d'une année sur l'autre. (Deux derniers paragraphes du n° 309.)

Après le partage avec le vendeur du fermage de l'année courante, l'acquéreur devient *seul* propriétaire de la totalité des revenus ultérieurs de la ferme. Sa première année entière court du 1er mars 1858 au 1er mars 1859. Il trouve le fermage de cette année diminué du prix des avant-derniers mars, c'est-à-dire d'un tiers, par l'application faite au paiement arriéré de ces mars du premier terme de ce fermage échéant le 25 décembre 1858, car, à compter de cette époque, succédant aux obligations de son vendeur, il commence à continuer de faire, en son lieu et place, au fermier, l'avance du prix du fermage des avant-derniers mars. Cette avance se succédera pour lui d'année en année pendant le bail courant, et il en recevra l'indemnité à la fin de ce bail, comme il sera dit au n° 314.

Cette avance imposée à l'acquéreur est justifiée par le droit et par l'usage.

Par le droit, l'acquéreur ne peut prétendre à une portion de fermage qui représente le prix de mars récoltés avant le temps où il n'avait ni la propriété ni la jouissance de la ferme.

Par l'usage, qu'il a connu, ou dont il ne peut invoquer l'ignorance, il est soumis de plein droit et par le seul fait de son acquisition, comme nouveau propriétaire substitué au vendeur, à l'exécution des règles, charges et coutumes, même non écrites, qui régissent la culture des biens qu'il achète, lorsqu'il n'en a point été dispensé par une condition expresse.

313. Un second exemple, appuyé sur les mêmes principes moins développés, aura l'avantage de présenter des résultats plus succincts et plus faciles à saisir :

« Soit, comme au premier exemple n° 312, la vente d'une ferme prise aux mars, d'un pareil revenu de trois mille francs, payable en trois termes égaux, avec la jouissance donnée à l'acquéreur au même jour premier mai 1857. »

Au vendeur seul appartient l'année entière courue du 1er mars 1856 au 1er mars 1857, précédant l'année courante, et pendant laquelle il était propriétaire de la ferme. Il en perçoit le fermage dans ses termes du 25 décembre 1856, de Pâques et du 24 juin 1857, montant ensemble à 3,000 fr., ci . . . . 3,000 fr. » c.

Dans l'année courante, partant du 1er mars

A reporter. . . 3,000 fr. » c.

Report. . . . 3000 fr. » c.

1857 au 1ᵉʳ mars 1858, à partager jour par jour entre lui et l'acquéreur,

Sur le premier terme de 1,000 fr. du 25 décembre 1857, ci. . . . . .1,000 »

Le vendeur reçoit, pour 61 jours courus du 1ᵉʳ mars 1857 au 1ᵉʳ mai suivant, époque de l'entrée en jouissance de l'acquéreur, à raison de 8 fr. 21 c. 92 par chaque jour, 501 fr. 37 c., ci. 501 37   501   37

Ce qui reduit ce terme à 498 63

Et l'acquéreur, pour 304 jours courus du 1ᵉʳ mai 1857 au 1ᵉʳ mars 1858, a droit, au même taux de 8 fr. 21 c. 92 par jour, à 2498 fr. 63 c., ci. 2,498 63

Dont il est payé :

1° Par les 498 fr. 63 c. restant sur le terme du 25 décembre 1857, ci. .   498 63

2° Et par les deux termes de Pàques et du 24 juin 1858, ensemble de 2000 fr., ci. . . . . .2,000 »

Somme pareille. . . · 2,498 63

Plus le vendeur, pour le remboursement des mars par lui avancés au fermier la première année du bail, valant le tiers du fermage, et dont le paiement, suivant l'usage, a été reculé d'année en année, reçoit, sur le fermage de l'année partant du 1ᵉʳ mars 1858 au 1ᵉʳ mars 1859, le premier terme du 25 décembre 1858 montant à 1,000 fr., valeur de ces mars, par le principe, aussi consacré par l'usage, que le fermage successif de chaque année représente pour un tiers le prix des avant-derniers mars, ci. 1,000   »

Ce qui porte à 4,501 fr. 37 c. le total qui revient à l'acquéreur dans les fermages, ci. .4,501 fr. 37 c.

314 et dernier. L'année partant du 1ᵉʳ mars 1858 à la même époque 1859, qui suit immédiatement celle courante au jour de la vente, est la première dont le fermage commence à appartenir en entier à l'acquéreur. Ce fermage est diminué d'un tiers par le remboursement au vendeur du prix des avant-derniers mars ; il ne reste plus à percevoir par l'acquéreur sur ce fermage que les deux tiers montant à 2,000 fr. et représentés par les termes de Pâques et du 24 juin 1859.

L'acquéreur en sera indemnisé dans la dernière année du bail courant, pendant laquelle le fermier sortant ne fera que la récolte des blés d'automne et ne récoltera pas les mars. Les terres labourables et les autres parties de la ferme qui composeront alors ces mars seront remises par le fermier à l'acquéreur, qui trouvera, au cours de cette même année, dans leurs produits en nature ou dans leur fermage, le remboursement de son avance.

Le tableau qui suit a pour but de démontrer ces faits. Ce tableau a été dressé dans la même supposition des nᵒˢ 312 et 313 de la vente d'une ferme louée par les mars et produisant un revenu de 3,000 fr., dont la jouissance a été donnée à l'acquéreur à partir du 1ᵉʳ mai 1857. L'expiration du bail courant au jour de la vente a été déterminée au 1ᵉʳ mars 1861.

ANNÉES DU BAIL A COURIR AU JOUR DE LA VENTE DE LA FERME ET SUPPOSÉES DEVOIR FINIR LE 1er MARS 1861.	TERMES DE FERMAGE DE CHAQUE ANNÉE A RECEVOIR PAR L'ACQUÉREUR.	OBSERVATIONS.
		Ce tableau ne contient ni l'année courante partant du 1er mars 1857 au 1er mars 1858, dont le fermage a été divisé entre le vendeur et l'acquéreur, ni les années précédentes. Il comprend les années dans lesquelles l'acquéreur commence à avoir droit à la totalité du fermage. On a ajouté les deux premières années d'un nouveau bail pour faire connaître la succession de la jouissance et du paiement du fermage entre les deux fermiers.
1er mars 1858 au 1er mars 1859.	Pâques 1859 1,000 fr. 24 juin 1856 1,000 fr. } 2,000 f.	Récolte complète par le fermier, en 1858, des mars et des blés d'automne. Première année où l'acquéreur a droit au fermage entier. Il n'en reçoit cependant que les deux tiers, parce qu'il commence, au lieu et place du vendeur, à continuer au fermier l'avance des premiers mars, dont le prix, formant le tiers du fermage, a été remboursé au vendeur par le terme du 25 décembre 1858, qui était le premier terme de l'année 1858-1859.
1er mars 1859 au 1er mars 1860.	25 déc. 1859 1,000 fr. Pâques 1860 1,000 fr. 24 juin 1860 1,000 fr. } 3,000 »	Récolte entière par le fermier des mars et des blés d'automne de 1859. Fermage complet reçu par l'acquéreur.
1er mars 1860 au 1er mars 1861.	25 déc. 1860 1,000 fr. Pâques 1861 1,000 fr. 24 juin 1861 1,000 fr. } 3000 »	Fermage entier reçu par l'acquéreur. Dernière année complète du fermier qui récolte les mars et les blés d'automne de 1860.

1er mars 1861 au 1er mars 1862. (1re année du nouveau bail fait par l'acquéreur.)	25 déc. 1861 1,000 fr. Pâques 1862 1,000 fr. 24 juin 1862 1,000 fr. } 3,000f.	Le fermier sortant, qui ne récolte que les blés d'automne de 1861, paie néanmoins à l'acquéreur l'année *totale* du fermage, et se libère, par ce paiement entier, du prix des premiers mars qui lui a été avancé d'année en année. L'année 1861-1862 est la première du bail du fermier entrant, qui récolte ses premiers mars en 1861. *Ici l'acquéreur trouve la valeur du remboursement du prix des premiers mars qu'il a fait au vendeur, car il reçoit du fermier sortant l'année entière du fermage; plus, ce fermier lui a remis la jouissance des mars à récolter en 1861, jouissance qui fait compensation avec le prix des premiers mars.* L'acquéreur peut alors, dérogeant expressément à l'usage dans les conditions du bail, demander que le prix des mars de 1861 lui soit payé par son nouveau fermier en cette même année où il les récolte, ou en continuer l'avance à ce fermier suivant l'usage.
1er mars 1862 au 1er mars 1863. (2e année du nouveau bail fait par l'acquéreur.)	25 déc. 1862 1,000 fr. Pâques 1863 1,000 fr. 24 juin 1863 1,000 fr. } 3,000 »	Première année complète du fermier entrant, qui récolte, en 1862, ses seconds mars et ses premiers blés d'automne. Si l'acquéreur de la ferme a continué, dans le nouveau bail, l'avance à son nouveau fermier du prix des premiers mars récoltés par ce dernier en 1861, sans en demander le paiement dans le cours de la même année, ce prix sera représenté par le terme du 25 décembre 1862. Les termes de Pâques et du 24 juin 1862 représenteront ses premiers blés d'automne.

TABLE DES TITRES.

QUATRIÈME ET DERNIÈRE PARTIE. — Division du fermage entre le vendeur et l'acquéreur :

A LA LIBRAIRIE LE BLONDEL,

PLACE SAINT-ÉTIENNE, A MEAUX.

TARIF USUEL pour la conversion des mesures agraires, à l'usage des cultivateurs, des propriétaires, des notaires, des avoués, des huissiers, des géomètres, des instituteurs, par L.-F. MAREAU. . . . . 75 c.

FOURNITURES de bureau ; CHEMISES à dossier ; PAPIER vergé, dit de Sainte-Marie, et ordinaire ; PAPIER à lettres.

PLUMES métalliques à nervures et réservoirs, inoxi supérieures à toutes celles connues.

ATELIER de RELIURE. — REGISTRES.

VUES intérieure et extérieure de la Cathédrale de Meaux, demi-jésus ; les deux. . . . . 6 fr.

ACHAT de Bibliothèques. — VENTE et ÉCHANGE de livres anciens et modernes, neufs et d'occasion.

Sous presse : **Carte** du département de **Seine-et-Marne.**